北京奥运交通丛书之五

北京奥运交通政策

Beijing Olympic Transport Policy

刘小明　王兆荣　郭卫亮　郭继孚　编著

北京市交通委员会
北京交通发展研究中心　组织编著

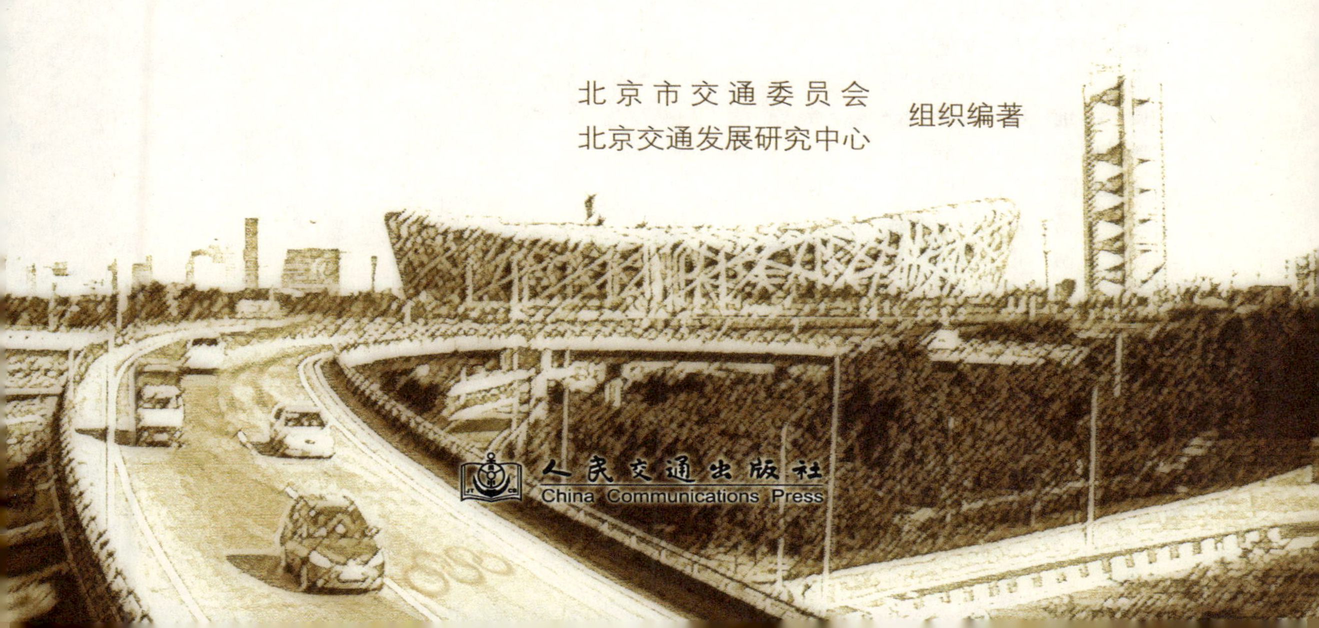

人民交通出版社
China Communications Press

内 容 提 要

北京奥运交通丛书之五记录了北京奥运会残奥会交通需求管理政策的研究、出台实施历程和效果评述。全书共四章，包括概述、大型活动交通需求管理政策、北京奥运交通需求管理政策和交通政策实施及效果。

本书可作为政府部门、大型活动组织人员决策和工作参考用书，也可作为交通工作者、科技工作者、教育工作者研究和教学的参考资料。

图书在版编目（CIP）数据

北京奥运交通政策 / 刘小明等编著. — 北京 : 人民交通出版社，2010.7
（北京奥运交通丛书 ; 5）
ISBN 978-7-114-08506-2

Ⅰ. ①北… Ⅱ. ①刘… Ⅲ. ①奥运会—交通运输管理—研究—北京市 Ⅳ. ①G811.21②U491

中国版本图书馆CIP数据核字(2010)第122002号

书　　名：北京奥运交通丛书之五
北京奥运交通政策
著 作 者：刘小明　王兆荣　郭卫亮　郭继孚
责任编辑：戴慧莉
出版发行：人民交通出版社
地　　址：（100011）北京市朝阳区安定门外外馆斜街 3 号
网　　址：http://www.ccpress.com.cn
销售电话：（010）59757969，59757973
总 经 销：人民交通出版社发行部
经　　销：各地新华书店
印　　刷：北京市凯鑫彩色印刷有限公司
开　　本：787 × 980　1/16
印　　张：10.75
字　　数：200 千
版　　次：2010 年 7 月　第 1 版
印　　次：2010 年 7 月　第 1 次印刷
书　　号：ISBN 978-7-114-08506-2
定　　价：68.00 元

北京奥运交通丛书
编著委员会

前 言

Preface

2008，百年奥运，中华圆梦。

在党中央国务院的坚强领导下，在北京市委市政府和北京奥组委的统一指挥下，在国际奥委会国际残奥委会和相关国际组织的积极帮助下，在全国各族人民的大力支持下，北京奥运会残奥会圆满成功。北京奥运会残奥会实现了有特色、高水平和两个奥运同样精彩的目标，达到了让国际社会满意、让各国运动员满意、让人民群众满意的要求，全面兑现了向国际社会作出的郑重承诺。北京奥运会残奥会的成功举办，为我们留下了丰富的物质财富和精神财富，同时也积累了宝贵的经验。奥运会后，北京市委市政府站在新的起点上，认真贯彻落实科学发展观，坚持“绿色奥运、科技奥运、人文奥运”理念，大力推进人文北京、科技北京、绿色北京建设，努力把首都建设成为繁荣、文明、和谐、宜居的首善之区。

北京奥运会残奥会的交通问题一直是国际社会关注的热点之一。从 2001 年申奥成功至 2008 年奥运会残奥会举办，这 7 年间，为实现申办奥运交通承诺，首都交通人深入学习实践科学发展观，全面践行“绿色奥运、科技奥运、人文奥运”理念，了解奥运交通需求、编制奥运交通规划、加快奥运交通建设、制订奥运交通政策、实施交通科技创新、评估奥运交通风险、落实奥运交通方案等，实现了北京奥运会残奥会期间交通安全顺畅，公共交通和城市货运保障有力，赛事交通与社会交通和谐运转，受到了国际社会、各国运动员和广大北京市民的高度称赞。

“新北京、新奥运”战略为北京交通的跨越式发展提供了难得的机遇：创新了科学高效的交通管理体制和运行机制；建成了一大批交通基础设施；大力优先发展公共交通，使人民群众普遍得到实惠、出行更加便捷；智能交通等一批科研成果得到了推广应用，城市交通管理服务水平进一步提高；实施了交通需求管理政策，积累了城市交通管理的成功经验；开展了交通安全隐患排查治理和交通应急演练，全面实现了“平安奥运”交通目标；成功实施了奥运交通运行各项方案，为举办大型活动做好交通保障积累了宝贵经验；锻炼培养了一批懂技术、能管理、会服务、高素质的交通服务团队和人员；首都交通行业服务意识和服务水平大幅提高，交通志愿者热情服务成为了首都窗口服务行业的靓丽风景；“公交优先、绿色出行”的理念更加深入人心；交通规划、建设、运营、管理、服务水平明显提升，为北京奥运会残奥会提供了强有力的交通保障。

北京奥运会残奥会交通保障任务的圆满完成，为我们留下了丰富的物质财富和精神财富，同时也积累了宝贵的交通发展经验。站在新的发展起点上，北京市委市政府提出了今后一段时期建设以“人文交通、科技交通、绿色交通”为特征的新北京交通体系的目标，制订印发了《北京市建设人文交通科技交通绿色交通行动计划》，为建设“人文北京、科技北京、绿色北京”，努力把北京建设成为繁荣、文明、和谐、宜居的首善之区提供强有力的交通支持。

为进一步坚持以科学发展观为指导，借鉴奥运交通保障的成功经验推动首都交通发展，为大型活动交通保障提供借鉴，并为教学、科研人员提供研究参考，北京市交通委员会、北京交通发展研究中心组织有关人员编著了《北京奥运交通丛书》。这是集体智慧的结晶，也是将实践经验、科研成果与理论相结合的有益探索。

《北京奥运交通丛书》共分 8 册，从奥运交通需求、规划、建设、运行、政策、科技、安全应急等方面对北京奥运交通进行了较为全面的描述。《北京奥运交通总论》介绍了奥运交通工作的主要内容及做法经验；《北京奥运交通需求》介绍了北京奥运交通服务标准、需求特征、需求分析和北京奥运需求情况等内容；《北京奥运交通规划》介绍了北京奥运申办以来交通规划系统的构成及主要规划内容；《北京奥运交通建设》介绍了北京奥运筹办期间城市交通基础设施及奥运期间临时交通设施的建设情况；《北京奥运交通政策》介绍了北京奥运期间采取的交通需求管理政策制订过程及方法，实施效果及其评价；《北京奥运交通运行》介绍了北京奥运赛时期间交通运行和交通保障过程；《北京奥运交通科技》介绍了北京奥运筹办举办过程中智能交通技术和新技术、新材料、新工艺在交通中的应用；《北京奥运交通应急管理》介绍了北京奥运期间交通安全风险评估、交通应急管理等内容。

《北京奥运交通丛书》的编写力求采取理论和实际相结合的手法，既反映北京奥运申办、筹办、举办过程中的交通筹备、运行组织过程，也论述了大城市交通发展和大型活动的交通规划、建设、组织、管理等相关理论问题，提出了一些新理念、新观点、新方法，并进行实证分析，希望能让广大读者从中获益和启迪。

由于时间仓促，加上编写水平有限，不妥之处敬请广大读者批评指正。

《北京奥运交通丛书》编著委员会

2010 年 2 月

目　录
Contents

1 概 述

奥运会使交通需求在短时间内激增，经验表明，奥运交通需求管理已经成为保障赛时交通服务有序运行的必要手段。本书首先分析了奥运会交通需求的特性和往届奥运会交通需求管理政策的要点。在此基础上详细介绍了北京奥运交通需求管理政策的制订过程，并从政策的可操作性、接受程度和实施效果等方面对奥运交通需求管理政策进行了全面评价。

1.1 交通需求管理

交通需求管理（Transportation Demand Management，简称 TDM）是指通过交通政策等的导向作用，运用一定的技术，通过速度、服务、费额等因素影响交通参与者对交通方式、交通时间、交通地点等的选择行为，使交通需求在时间、空间上均衡化，以在交通供给和交通需求间保持一种有效的平衡，使交通结构趋于合理。

交通需求管理是交通发展到一定程度的必然产物，是社会或政府必须采取的措施和政策。通常情况下，解决交通问题的方法大致可以分为交通设施建设和交通需求管理两大类。扩大交通供给是缓解交通压力的有效方法。但是，单方面地扩大交通供给，有时会诱发更多的交通需求，从而引发新的交通问题。特别是在机动化快速发展阶段，设施供给的增加是很难满足交通需求增长的。交通需求管理是利用各种政策，改变出行者的交通行为，以达到抑制交通需求增长、缓解交通压力的目的。因此，交通设施建设和交通需求管理的有机结合可以有效地缓解城市交通问题。在适度的交通建设规模下，应控制交通需求总量、削减不合理的交通需求、分散和调整交通需求，使整个交通系统达到供需平衡，保证交通系统的有效运行，使车辆迅速、安全地到达目的地，达到缓解交通拥堵，改善城市生态环境和生活环境质量，保持城市健康有序发展的目的。

奥运会期间，在城市正常交通需求的基础上增加了奥林匹克大家庭成员、工作人员和志愿者等与奥运相关的交通出行需求，交通需求量大、时空分布集中、需求层次多、交通服务标准高。奥运会期间，国际奥委会、国家（地区）奥委会、国际单次体育联合会、运动员、技术官员、注册媒体、赞助商以及非注册媒体等约 8 万余人齐聚北京，参加奥运会这一体育盛事。同时，600 多万人次的观众以及 200 万人次的旅游客流需求将集中在奥运会赛事的 16 天内。北京城市运转背景交通已经相当拥堵，如此集中的大量新增交通需求，无疑将给北京交通运行带来巨大的考验。

与此同时，奥运交通需要政策为参加奥运会的各类人员提供不同层次的、一流的交通服务，以确保 2008 年第 29 届北京奥运会成为“有特色、高水平”的奥运会。保证奥林匹克大家庭成员、注册媒体、贵宾享用安全、舒适、可靠、快速的专用道（专用车辆和专用交通线路），使其能够以最快的速度到达各个比赛场馆、会议中心和驻地；保证观众及时、安全、顺利地观赛，并最大限度地减少奥运会对城市社会生活的影响；提倡绿色的公共客运系统和自行车交通，以降低交通污染，保证奥运会期间的空气质量。

针对奥运会的交通需求特点和交通服务要求，单纯靠增加交通基础设施的供给已经不能满足奥运期间对交通的要求。因此，借鉴往届奥运会的交通组织经验，对交通需求进行管理成为保证奥运会期间交通运行的必要措施。

1.2 往届奥运会交通政策

2004 年雅典奥运会、2002 年盐湖城冬奥会、2000 年悉尼奥运会、1996 年亚特兰大奥运会和 1984 年洛杉矶奥运会的交通组织者均采取了不同程度的交通需求管理措施，以确保奥运会期间交通的有序运行。综合来看，往届奥运会主要采取的交通需求管理措施包括以下几点（表 1–1）。

（1）充分发挥公共交通的主导作用，提高公共交通运力和服务水平，实行免费公交政策，鼓励人们使用公交出行。

（2）通过交通管制和停车管理等措施限制私人小汽车通行，场馆周边不设私人小汽车停车场。

（3）鼓励停车换乘，为停车换乘或停车步行提供条件。

（4）对货物运输车辆加强管制，调整货车通行范围和时间。

（5）鼓励带薪休假、错时上下班和弹性办公。

（6）减少或停办会议，减少交通量。

（7）提供信息手册和信息服务，加强交通宣传。

表1-1　往届奥运会举办城市采取的交通需求管理措施

措　施	雅典	盐湖城	悉尼	亚特兰大	洛杉矶
公交优先	✓	✓	✓	✓	✓
机动车单双号行驶	✓				
停车控制	✓	✓	✓	✓	✓
停车换乘	✓	✓	✓	✓	✓
弹性办公、网上办公			✓	✓	✓
调整商业营业时间	✓				
带薪休假	✓		✓	✓	
货运车辆管理	✓		✓	✓	
减少或停办会议					✓
大力宣传	✓	✓	✓	✓	✓

以公共交通为主导，限制小汽车出行是奥运交通需求管理的重要措施之一，也是往届奥运会交通需求管理措施的主体。交通需求管理措施的实施，在削减路网流量、提高速度等方面起到了关键作用。

加强宣传和提供信息服务也是交通需求管理措施的重要环节，是保障各项措施顺利实施的关键。以 1984 年洛杉矶奥运会为例，在奥运会开幕之前，政府就下大力量进行交通出行相关的宣传，提醒市民奥运会期间可能会面临交通拥堵和出行不便的问题，鼓励市民尽量减少出行。洛杉矶奥运会交通组织取得了超过预想的效果，这和大力宣传密不可分。

通过采取以上综合措施，各举办城市的交通运转情况都有好转。以 2004 年雅典奥运会为例，通过采取一系列的交通管理措施，雅典主要道路的流量下降了

15% ~ 20%，高峰小时流量下降了 24%，交叉口的延误也有明显的下降，延误时间平均减少了 31%。

往届奥运会的经验表明，应对奥运会这样的大型赛事，满足奥运交通服务的高质量要求，保障城市交通的协调运转，采取赛时交通需求管理措施已成为国际惯例。对于北京 2008 年奥运会，既要充分借鉴往届奥运会的交通需求管理经验，也要根据北京市的实际需求和特点，制订相应的交通需求管理政策，确保赛事交通和城市交通的顺畅和协调运转。

1.3 北京奥运会交通政策

奥运会前，根据北京市的具体情况和实际需求，北京市政府制订了 2008 年北京奥运会、残奥会期间分时段、人性化的交通保障方案及其配套措施。

根据奥运会赛事安排，交通需求管理政策主要分两个时段实施：第一时段为 2008 年 7 月 1 日 ~ 7 月 19 日；第二时段为 2008 年 7 月 20 日 ~ 9 月 20 日。

1.3.1 第一时段措施

2008 年 7 月 1 日 ~ 7 月 19 日，实施部分车辆限行措施，逐步由车辆行驶的正常状态过渡到机动车单双号限行状态，城市运行保障车辆和持证车辆除外。

黄标车全天停驶；中央国家机关，驻京部队、武警，市属机关、企事业单位全天停驶机动车 30%；鼓励其他车辆“绿色出行少开车”。外省（区、市）货车须绕行 112 国道；进入北京市道路行驶的外省（区、市）车辆须符合国Ⅱ尾气排放标准。

1.3.2 第二时段措施

2008 年 7 月 20 日 ~ 9 月 20 日，即从奥运村预开村到残奥村闭村，这一时段实行较为严格的交通需求管理措施。

（1）控制机动车使用。禁止黄标车在北京市行政区域内道路上行驶；其他机动车按照车牌尾号实行单号单日、双号双日行驶；北京市各级党政机关、北京市行政区域内各企事业单位停驶的机动车应当达到总量的 70%；外省（区、市）进京机动车按机动车车牌尾号全天实行单双号进入北京；进京的外省（区、市）车辆须符合规定的排放标准；进京外省（区、市）货运机动车须绕行 112 国道。

限行范围 :7 月 20 日 ~ 8 月 27 日，北京市行政区域内道路；8 月 28 日 ~ 9 月 20

日，五环路以内道路（含五环路）及有赛事车辆通行的机场高速公路、八达岭高速公路、京承高速公路等。

（2）设置奥林匹克专用道路。在连接场馆、赛会人员驻地等相关设施的道路内侧设置奥林匹克专用车道，供奥运专用车辆行驶。奥林匹克专用车道全长 286km。根据赛会人员抵离、训练、比赛的交通运行需求，分阶段逐步启用和停止使用奥林匹克专用车道。

（3）公共交通保障措施和货物运输保障措施。通过提高运输效率、新增车辆、现状车辆挖潜、旧线改造和新线开通等措施提高地面公交和地铁的运能。建立奥运会期间货运保障公共服务窗口，以满足城市正常运行的生产生活物资运输。

（4）错时上下班。将上班时间调整到 9:00 和 9:30，下班时间调整为 17:00 和 17:30；大型商场每天上午开始营业时间调整为 10:00，并适当延长晚上营业时间；鼓励网上办公和弹性工作制。

（5）人性化保障措施。为最大限度地保障市民生活不受影响，北京市还制订了相关的人性化交通政策及保障措施，包括：一个家庭拥有两辆单号车或双号车的，可以换领牌照；每天 0:00 ~ 3:00，不分单双号，所有车辆均可上路行驶；在奥林匹克专用车道和公交车道并行的路段，社会车辆可以借用公交车道行驶；对停驶的车辆，免征三个月的车船税和养路费。

以上措施在保证奥运会期间交通通畅的同时，最大限度地保证了市民生活不受影响，人性化的措施得到了广大市民的拥护。

1.4 北京奥运交通需求管理政策实施效果

奥运会期间，交通需求管理政策的实施，保障了赛事交通和城市交通的和谐运转，兑现了北京申奥交通承诺，实现了“让国际社会满意、让各国运动员满意、让人民群众满意”的目标。国际奥委会奥运会执行主任吉尔伯特·费利说：“历届奥运会的交通都是困扰组织者的最大难题。但北京的交通工作非常出色。”

1.4.1 政策的综合性

奥运交通需求管理从出行产生、分布、交通方式选择和流量的时空分布四个方面入手，使交通供需达到相对平衡，保证城市交通系统的可持续发展。奥运会相关交通政策见表 1–2。

表1-2　奥运会相关交通政策

政策措施	作　用
错时上下班，鼓励弹性办公，网上办公	减少出行，调节出行时间分布
控制机动车使用	减少小汽车出行，调节出行结构
加大公共交通保障力度、持票观众可免费乘坐公交	提高公共交通吸引力，为小汽车被限者提供替代出行工具，调节出行结构
奥林匹克专用道、高速公路快速通行政策	为奥运持证车辆提供服务
临时交通管制、外地过境货车绕行措施、道路货运保障措施	调节交通流量的空间分布

1.4.2　政策可操作性

奥运会期间的交通需求管理政策和措施涉及城市交通运行的各个环节，与市民正常生活息息相关。因此，各项政策必须具备可操作性，既要考虑到政策的实施难度，还要考虑到社会公平性。

（1）政策实施难度。北京奥运会实施的交通需求管理措施很多，且机动车单双号行驶等措施都是首次大规模、长时间实施，涉及范围广，可借鉴经验不多，在实施层面上具有一定的难度。为保证各项政策的实施，政府相关部门制订了详细的实施方案，得到了社会各界的广泛理解和大力支持。

（2）社会公平性。交通需求管理政策涉及小汽车限行、黄标车停驶，对小汽车使用者和货运行业造成了一定的影响。为最大限度地减少社会影响，北京市出台了一个家庭拥有两辆车时（单号车或双号车），可以换领牌照；每天0:00 ~ 3:00，不分单双号，车辆均可上路行驶；对限行和停驶的机动车，免征三个月的车船税和养路费等人性化配套措施。同时发放货运通行证，保证城市正常生产生活必需品的运输与供应。

1.4.3　政策的接受程度

机动车单双号行驶等各项交通需求管理措施是在奥运会这一特定背景下实施的，奥运会是中华民族的百年梦想，举办一届“有特色、高水平”的奥运会是全世界所有华人的共同心愿。因此，针对奥运会期间的各项交通需求管理措施，广大市民给予了大力支持。民意调查数据显示，有车市民对机动车单双号限行的支持率高达88.3%，无车市民的支持率更高。

1.4.4 政策实施效果

（1）流量：道路交通流量下降了 22.5%，措施实施前后对比如图 1-1 所示。

图1-1 措施实施前后西三环流量对比变化图

（2）速度：早高峰路网的平均车速为 30.2km/h，提高了 6.7km/h。

（3）拥堵报警：比机动车限行前下降 90.6%。

（4）事故报警：比机动车限行前下降 53.1%。

（5）客运量：地面公交日均运送乘客 1313.5 万人次；地铁日均运送乘客 395.1 万人次；出租汽车日均运送乘客 222.2 万人次，较机动车限行前提高了 18% 左右。

（6）出行结构：公共交通（公交和地铁）出行比例达到 45% 以上。

（7）市民反应：93% 的被访者感觉奥运会期间交通畅通；50% 以上的公共交通乘客认为公交和地铁的服务水平有所提高；74% 的被访者建议今后长期实施部分车辆限行政策。

北京市采取了集车辆限行、错时上下班、公共交通保障等于一体的综合交通需求管理措施（图 1-2），可操作性强，市民易接受，实施效果明显。奥运会期间，北京市道路交通流量下降了 23%、车速提高了 28.5%，市民普遍反映道路通畅、服务水平提高。交通需求管理政策措施在奥运会这一重大赛事上得到了广泛应用，效果显著，为今后重大活动交通政策的制订、交通规划的编制和交通运行的组织等奠定了良好的基础，同时，也为北京市长效交通需求管理政策的出台提供了实践经验和契机。

2008年北京奥运会残奥会期间
北京市交通保障方案及其实施配套措施

图1-2　北京奥运交通政策汇编

2 大型活动交通需求管理政策

2.1 交通需求管理政策

2.1.1 交通需求管理的基本机理

从广义上说，交通需求管理是指通过交通政策与措施的导向作用，促使交通参与者的交通选择行为变更，以减少机动车出行量，促进交通量时空均衡分布，减轻或消除交通拥堵。从狭义上说，交通需求管理是指为削减道路交通高峰期间小汽车交通量而采取的综合性交通政策与措施。

交通需求管理的最终目的是在满足资源（土地、能源）和环境容量限制的条件下，使交通需求和交通供给达到平衡，促进城市的可持续发展。过去，这种平衡主要由增加交通设施的供给来满足，交通需求管理策略的出现，改变了这种被动的不稳定平衡关系。传统方法与交通需求管理方法的不同之处可以参见图 2–1。

由图 2–1 可见，传统的解决供需矛盾的方法是单方面的提高交通供给能力，而交通需求管理方法是在适度的交通建设规模下，控制交通需求总量，削减不合理的交通需求，即通过减少或分散需求使供需平衡，保证系统的有效运行，使车辆迅速、安全地达到目的地，缓解交通拥堵，改善城市生态环境和居民生活环境质量。

交通需求管理政策主要通过以下四种途径实现（图 2–2）。

（1）通过合理的土地利用规划以减少出行需求。

（2）为出行者提供一个或多个可选的交通模式或服务，以使每辆车具有更高的使用效率。

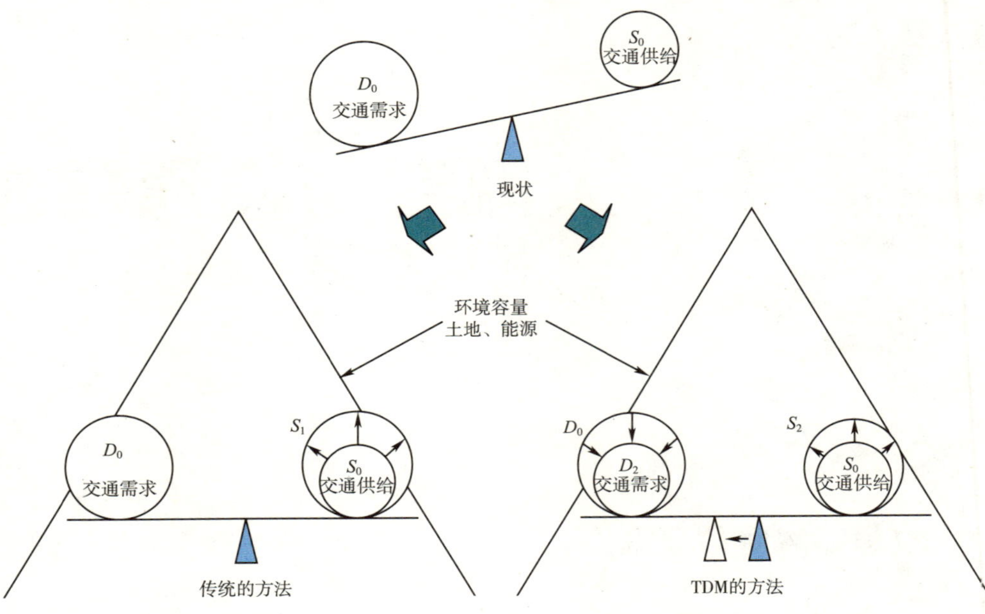

图2-1　实现供需平衡的传统方法与交通需求管理方法对比图

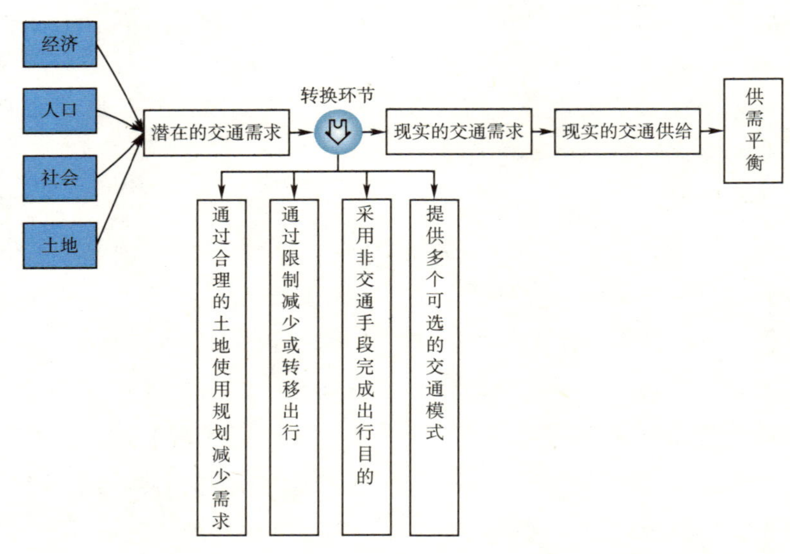

图2-2　交通需求管理途径示意图

（3）通过鼓励或限制的方法来减少交通出行或促使交通出行向非高峰时段及非拥挤区域的转移。

（4）通过非交通手段来完成出行目的（例如使用电子通信方式来代替办公出行）。从交通出行的几个阶段来看，交通需求管理的政策与措施包括以下内容（图 2–3）：

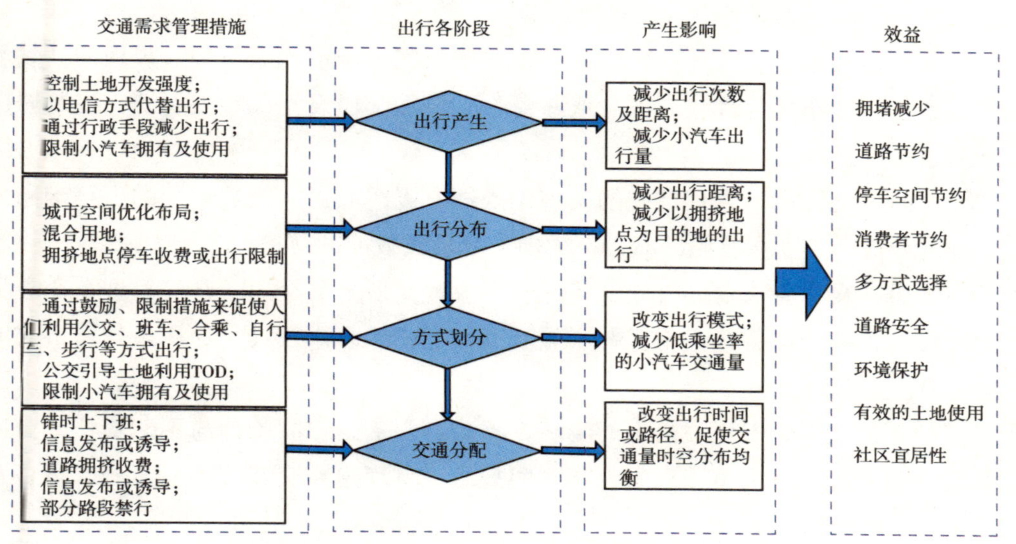

图2–3 交通需求管理措施对出行各阶段的影响

① 在出行产生阶段，尽量减少出行的产生。如可以通过政策与宣传力量，鼓励人们减少出行；利用电信方式代替出行（电信会亲访友、网上购物、视频电话会议等）；在城市规划中，应用既能保证正常的社会经济活动又能产生较少交通出行的土地利用模式。

② 在出行分布阶段，将出行由交通拥堵目的点向非拥堵目的点转移。如实行区域限行措施，优化辅助活动设施的空间配置。

③ 在出行方式选择阶段，将出行方式由小汽车方式向集约化方式转移。如对小汽车方式实行抑制措施（停车位的配置与使用管理，提高停车费、通行费等）或对公交、自行车、步行等交通方式实行鼓励措施（如乘车费的调整，公交优先，自行车及步行环境的改善等），以促进人们利用集约化或低耗能交通方式，保持各种运输方式宏观上的供需平衡。

④ 在空间路线选择阶段，将出行由交通拥挤的路线向非拥挤的路线转移，同时将有限的道路资源向公共交通倾斜。如采用先进的信息技术，向出行者提供实时交通信息，或通过强制收费或价格优惠，使出行者避开交通拥堵地段等。

⑤ 在时间段的选择阶段，将出行由交通拥堵的时间段向非拥堵的时间段转移。

如采用先进的信息技术、向出行者提供实时交通信息、错时上下班、通过政策或价格策略，使出行者避开交通拥堵时段。

实施交通需求管理可有效促进城市的可持续发展，其主要体现在以下几方面。

（1）通过交通需求管理措施的实施，促进与完善城市规划与交通规划的互动反馈作用，使城市布局合理化，减少或避免不必要的交通发生源和吸引源，控制城市交通需求的不合理增长。

（2）通过交通需求管理措施的实施，处理有限的城市空间与不同的道路交通设施之间的矛盾，实现在有限的城市空间内形成最大效能的交通设施能力。

（3）通过交通需求管理措施的实施，有效地发展公共交通，并使小汽车交通尽可能转移到公共交通方式上来，并引导其他交通方式合理发展，形成最佳城市交通模式。

（4）通过交通需求管理措施的实施，解决有限道路空间资源与不断增长的交通需求之间的矛盾，克服滥用有限道路空间现象，实现道路交通设施最充分、最有效的利用。

2.1.2 交通需求管理措施评价体系

除传统的交通改善效果评价以外，由于需求管理政策在某种程度上带有一定的强制性，加之一些需求管理策略会对部分人的利益产生负面影响，因此对交通需求管理策略进行公平性评价及公众可接受性等评价，有利于政策的实施。特别是北京，作为中国的首都，其具有很强的示范效应。另外，任何一项交通政策的实施还应考虑用户及社会的经济成本，因此，交通需求管理政策的经济成本，尤其是广义成本评价也是一项重要的评价内容。综上所述，应对交通需求管理政策进行客观全面的综合评价，即从实施效益、成本、公平性、可接受性等方面对各交通需求管理措施进行评价。

2.1.2.1 交通需求管理的实施效益评价

交通需求管理策略即使用多种措施来改变人的出行行为或模式，如改善交通替代方式、实行拥挤收费、改善行人和自行车通行条件、实行弹性工作制和改变用地性质等。出行行为变化包括改变路线、目的地、出行时间、出行方式，减少车辆出行、车辆拥有量以及降低速度（如将小汽车出行转换为自行车出行等）。从而带来改善机动性和可达性、净化空气、提高道路安全、减少道路和停车设备成本、降低消费者费用等效益。表 2–1 为一些典型交通需求管理策略对出行的影响。

交通需求管理措施对出行行为产生的不同影响对交通系统及城市发展将带来正面影响及效益，这些影响及效益指标主要包括拥堵减少、道路资源节约、停车空间节约、消费者节约、多方式选择、道路安全、环境保护、有效的土地使用、社区宜居性。表 2–2 表明不同的出行变化对不同的效益指标带来的不同程度的影响。

表2–1　交通需求管理对出行的影响

TDM策略	对出行的直接影响	对出行的间接影响
弹性工作制	出行时间变化（当出行时）	
拥挤收费	出行时间改变、在特殊路线或区域减少机动车出行	改变出行方式、减少车辆出行
以距离为基础的收费	减少全部机动车出行	改变出行方式
改善换乘	改变出行方式，增加换乘效用	减少机动车出行
改善步行和自行车	改变出行方式，增加步行和自行车	减少机动车出行
合乘	减少机动车拥有和出行	
合理的土地开发	改变出行方式，减少机动车保有量和出行距离	

表2–2　交通需求管理对出行的不同影响产生的效益

出行影响 / 效益指标	降低车速	改变出行时间	改变出行方式	减少机动车出行	减少机动车保有量
拥堵减少		3	2	3	3
道路资源节约	—	1	2	3	3
停车空间节约	—	—	3	3	3
消费者节约	—	—	2	2	3
多方式选择		1	3	2	3
道路安全	3	—	2	3	3
环境保护	1	—	2	2	3
有效土地利用	1	—	1	2	3
社区宜居性	2	—	1	2	3

注:数值越大代表影响的程度越大。

交通需求管理措施实施后对出行将产生直接影响和间接影响，这些直接影响和间接影响实现了在不同方面（拥堵、安全、环境污染等）不同程度的效益，并最终实现了交通需求管理的综合效益，交通需求管理效益分析的递阶层次见图 2-4。

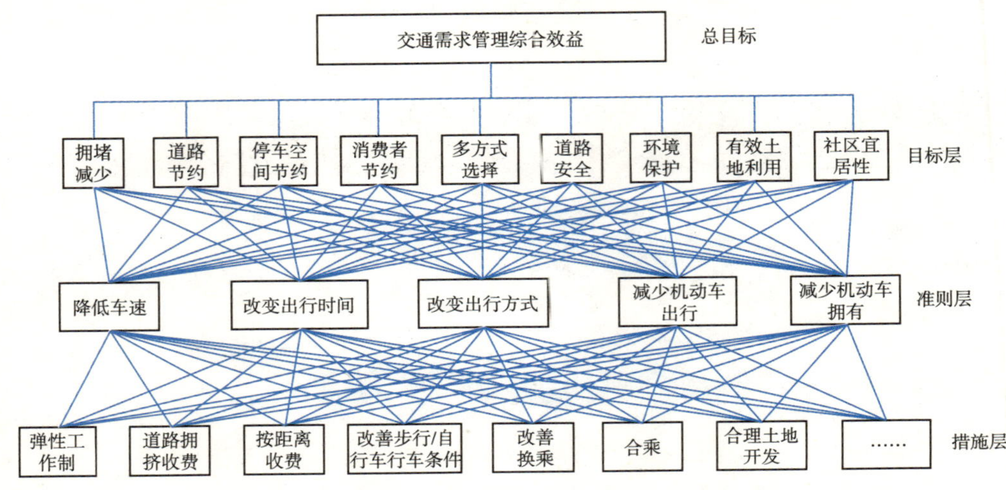

图2-4　交通需求管理效益评价递阶层次图

交通需求管理的各项措施对交通需求管理的综合效益将产生不同程度的影响。一般地，可以通过加权平均的方法对交通需求管理各措施的有效性进行评价。交通需求管理措施的有效性指标如下：

$$I = \frac{\sum_{k} T_k \sum \alpha_i A_{ik}}{\sum_{k} \sum_{i} \alpha_i A_{ik}}$$

式中：α_i——交通需求管理措施对准则层第 i 个指标产生的影响，直接影响取 1，间接影响取 0.5，无影响取 0；

A_{ik}——交通需求管理措施产生的第 i 类出行影响对交通需求管理效益指标 k 的影响程度，取值参见表 2-2；

T_k——各分目标相对于交通需求管理总效益目标的权重；

i——交通需求管理措施对出行产生效果的目标数；

k——交通需求管理措施总效益的分目标数。

2.1.2.2　交通需求管理的成本评价

交通需求管理会产生多种成本或费用，包括：

（1）计划费用。许多交通需求管理计划有直接的资源成本，包括财政开支、道路空间、交通管理优先权和公众时间。

（2）消费者费用。有些交通需求管理措施为增加乘车者的经济花费或减少他们的出行时间。由于这些高额的费用，一些消费者会提前出行或转向其他的交通模式。

（3）交易费用。一些交通需求管理策略增加了交易费用。例如向驾车人直接征收停车或道路使用费用，要求车主安装使用自动电子收费系统，并强制执行，或通过零售店等征收，由此带来了交易费用。

（4）管理费用。一些交通需求管理策略会增加管理的人工费或设施费用。

（5）经济转移。交通需求管理策略包含的费用导致经济转移，也就是说，钱从一群人或一个经济部门转移到另外一群人或另外一个部门，这些不是真的资源成本，但这是消费者等所付的额外费用。

（6）外部影响。例如：道路收费使车辆出行和拥挤问题转向不收费道路；交通削峰使交通影响转向其他道路；一个地区的停车收费会增加附近地区的停车问题，并可能使经济活动转向提供免费停车的地区。

各种交通需求管理措施的成本评价可根据具体情况具体分析。

2.1.2.3　交通需求管理的公平性评价

公平性是指资源与机会的合理分配。公平形式的制订和实施交通需求管理政策必须遵循的原则是交通系统常常耗费大量公共资源，包括税收及土地。交通活动产生的外部效应，如噪声、空气污染、交通事故等，对社会、自然环境及人身安全的公平性都产生了影响。同时，交通还影响人们居住、购物、工作、上学、休闲及其他各种活动的场所。足够的机动性使得人们能够参与社会各种活动。因此，交通规划或政策的制订因影响人们的机动性而对公平性也有着很大的影响。

1）公平性的含义

（1）横向公平性。横向公平是指重要性、收入等方面在同一层次上的出行者的费用公平分配。此类型指在每个人或团体的需要及能力相似的假设条件下，应保证花费与收益对每个人或团体都是公平的。例如，具有相同收入的人应承担同样的税收，并享有同样的福利。横向公平是费用分配的基础。横向公平是一般意义上的公平或平等，也是最易为公众接受或较易保证的公平。

（2）收入的纵向公平性。在假设公共政策支持那些经济上处于劣势的人们的前提下，那些为低收入群体提供适当的更大利益的政策被认为是“可取的”，而那些使低收入者相对更糟糕的政策被称为是“不可取的”。这种公平性被用来证明停车费用和低收入的汽车拥有者或使用者“能付得起”的缴费的合理性，并用来证明对低收入群体费用打折的合理性。

（3）考虑机动性需求和能力的垂直公平性。这里考虑的是交通系统是否能为那些具有特殊需求的人提供足够的服务。它认为效益和成本不应该平均分配，建议公共财政补贴应该用来为那些弱势群体（残障人士、老幼病残）提供基本可达性的要求。

2）公平性评价

大多数交通需求管理有助于达到公平性目标，例如交通需求管理策略。

（1）通过减少有利于小汽车交通的交通策略来增大横向公平性。

（2）通过合理的交通定价更准确地反映成本来增大横向公平性。

（3）通过提供直接的财政补贴和改善能负担得起的交通方式选择来使低收入人群获益。

（4）通过改善交通方式选择和减少必须承担的机动车外在成本来使交通弱势群体获益。

（5）通过增加交通方式选择和给更高价值出行优先权来改善基本可达性。

并不是所有的交通需求管理策略都提供这些公平性利益，但若干交通需求管理政策的组合通常能达到公平性的目的，表 2-3 为能达到公平性目的的交通需求管理政策。

表2-3　有助于达到公平性目的的交通需求管理政策

公平对待每个人的措施	用户支付应承担的费用的措施	有利于低收入人群的措施	有利于交通弱势群体的措施	有助于提高基本可达性的措施
用地布局优化； 公交优先	停车管理； 停车收费； 道路收费； 土地合理使用	弹性工作制； 通勤补贴政策； 高占有率车辆优先； 步行和自行车改善； 合乘； 穿梭巴士服务； 改善公共交通； 公共交通导向	自行车/公交一体化； 步行区规划； 出行者交通费用补贴； 高载客车辆优先； 行人及自行车条件改善； 合乘； 穿梭巴士； 出租服务改善； 居家工作； 公交改善； 交通平静化； 公交导向的土地发展； 小汽车使用限制	可达性交通管理； 自行车/公交一体化； 货运管理； 高载客车辆优先； 停车管理； 行人及自行车条件改善 合乘； 穿梭巴士； 土地合理使用； 出租服务改善； 居家工作； 公交改善； 交通平静化； 小汽车使用限制

2.1.2.4　交通需求管理可接受评价

不同的交通需求管理政策对不同利益群体将产生不同的影响，由于道路拥挤条件不同，以及出行者出行目的、收入状况等因素不同，将影响人们对各项政策的接受程度。如何在保证整体利益的情况下，使个体利益不受到损害，是一项交通政策能否有效实施的关键。

2.1.3 交通需求管理措施分析

本节将从各种交通需求管理措施的策略及实施方法、对出行的影响、效益和成本、公平性、适用对象及应用范围、实施障碍等方面分析具体的交通需求管理措施，各项措施将按照五类实施策略进行分类，即土地利用管理、交通出行替代、增加/鼓励其他交通选择、限制机动车拥有和使用以及调整道路机动车时空分布，详见表2-4。

表2-4 交通需求管理措施

策　略	措　施
土地利用管理	交通引导土地利用（TOD）； 混合用地； 交通影响评价； 城市布局优化
交通出行替代	网络办公； 居家工作/电子通勤； 视频电话会议
增加/鼓励其他交通方式	大容量快速公交； 穿梭巴士服务； 合乘； 自行车/公交一体化； 停车换乘； 公共交通改善； 鼓励步行和骑自行车； 高占有率车辆（HOV）优先； 通勤财政补贴； 班车、校车
限制机动车拥有和使用	拥挤收费/道路收费 根据里程收费； 燃油税； 停车管理及收费； 车辆限制
调整道路机动车时空分布	错时上下班； 弹性工作制； 压缩工作日； 交通信息发布； 智能交通控制、诱导、调度； 部分区域或道路分车种、分时段限行

2.1.3.1 土地利用管理

公共交通引导土地利用（TOD）指居住区和商业中心位于大容量公共交通附近

来增加出行的可达性，并且具有相应的鼓励公共交通出行的特性。公共交通引导土地利用的社区中心位于轨道及公共交通站点附近，周围进行高密度的开发。该地区具有以下特征：提供良好的步行和自行车设施以及道路条件；街道之间具有良好的连通性，设有交通平静化设计，控制车辆行驶速度；混合土地利用，包括商店、学校和公共服务设施；实行停车管理，减少停车用地，降低机动车的使用。

（1）实施。

公共交通引导土地利用由当地规划部门进行规划设计，有计划地在公共交通站点附近规划高密度的住宅小区，并进行混合用地规划。

（2）对出行的影响。

成功的公共交通引导土地利用会使车辆出行明显地减少。根据国外研究成果，如在公交站点附近的居住区每英亩增加 10 ~ 20 个单位时，公交的使用率可从 20% 增加到 24.1%，如果辅以行人步行设施的改善，则可以达到 27.6%。另外，研究表明，公共交通引导土地利用将会减少小汽车交通量，增加公交或其他非机动车出行，从而减少拥堵，见表 2-5。

表2-5　土地利用设计对出行的影响

土地利用设计	减少机动车出行比率（%）
公交中心环绕居住区	10
公交中心环绕商业区	15
公交走廊沿线布设居住区	5
公交走廊沿线布设商业区	7
公交中心环绕混合居住区	15
公交中心环绕混合商业区	20
公交走廊沿线布设混合居住区	7
公交走廊沿线布设混合商业区	10
居住区土地混合利用	5
商业区土地混合利用	7

起讫点的土地利用模式对交通方式的选择有很大影响。当在高就业密度地区，有良好的步行设施条件，优美的城市风光，并且周围有商业和居住区时，人们比较乐意使用公交或合乘方式。出行影响详见表 2-6。

表2-6　出行影响

交通影响	影响程度	内　容
降低总交通量	3	减少每人的车公里数
降低高峰时段交通量	2	
将高峰时段向非高峰时段转移	0	
使小汽车出行向多模式交通方式转移	3	鼓励公交和其他非机动车出行
改善可达性，降低对出行的需求	3	增加土地利用的密度和混合度
增加合乘方式	0	
增加公共交通比例	3	
增加自行车比例	2	
增加步行出行	3	
增加网上办公方式	0	
降低货运交通量	0	

（3）效益和成本。

公共交通引导土地利用降低了运输成本，增加了交通的选择性，降低了平均车公里数，对达到交通需求管理的各项目标很有帮助。公共交通引导土地利用可以提高公共交通的效率，降低成本，还可以提高居住区的宜居性。

公共交通引导土地利用还将促进城市的发展，形成更多可达性好的社区，这样人们不必再为了获取自己需要的东西而长途跋涉。其间接的影响有：平均拥有的小汽车数量的减少、机动车出行量的减少、燃油费的减少以及轨道和地面公交交通量的增多等。

公共交通引导土地利用成本包括所有增加的交通支出（步行设施和自行车设施的改善，附加的交通服务等），还有因密度大而引起的不舒适，如拥挤、噪声等，见表2-7。

表2-7　收益影响

目　标	影响程度	内　　容
降低拥堵	2	减少了总的出行量，尽管由于高密度的TOD可能会增加拥堵
停车换乘	2	减少机动车的使用
消费者费用节省	2	提供承担得起的费用
交通选择	3	增加交通选择
道路安全	2	减少了小汽车的使用 ，带来了很多益处
环境保护	2	减少了小汽车的使用
土地的有效利用	3	减少了小汽车的使用，鼓励高密度区的发展
社会宜居性	3	减少了小汽车的使用，提高了可达性

（4）公平性影响。

公共交通引导土地利用实际上有利于所有人群。虽然需要附加非机动车设施和公交设施的成本和投资，但是减少了现有的很多开支（道路使用费、停车费、管理费等）。公共交通引导土地利用对低收入者和没有汽车的人群最有利，见表 2–8。

表2-8　公平性影响

目 标	影响程度	内　　容
平等对待每个人	2	有利于所有人群
用户支付应承担费用	0	可能增加了开支，但没有比现有的交通费用更高
有利于低收入人群	3	节省了费用
有利于弱势群体	3	增加了交通选择性
改进基本可达性	3	增加了交通选择性

（5）适用对象及应用范围。

公共交通引导土地利用可在市区或郊区有充足公交的地方实施。由开发商开发，当地政府配合实施。

（6）实施的障碍。

公共交通引导土地利用需要改变居住区的发展模式，鼓励发展高密度模式，以及减少公交站点附近的停车设施。公共交通引导土地利用还需要额外的资金用于步行设施、自行车设施的改善。

2.1.3.2　替代出行的措施

替代出行的措施主要有以下几点：

① 网络办公（也叫做电子通勤）包括以无线电通信（电话、传真、电子邮件、网站、视频连接等）代替物理出行的各类计划和活动。

② 网络办公包括远程办公，远程办公是指允许员工在家或另外的地点（如附近的通信工作室）工作，以便减少通勤出行。

③ 远程学习是指老师和学生以无线通信的方式代替日常的当面传授。一些学院和大学可提供远程学习课程。有的高校把远程学习作为专门的教育工程来做。

④ 电话购物（网上购物）是指使用无线电通信方式使购买活动更方便，从而减少了去商店的出行。

⑤ 电脑化银行业务（网上银行）是指使用无线电通信方式来完成银行业务和货币支付业务。

⑥ 电子政府是指政府部门通过网络技术提供服务，减少了人们到政府办事处的出行。

⑦ 电子商务是指商业之间进行网上交易，如出价、销售和计划编制。这主要是为了竞争和高效的目的（如识别商品或服务的最低价格），但同时也减少了员工见面磋商的出行。

（1）实施。

远程办公通常为了适应员工的需求或作为减少通勤计划的一部分来实施。网络办公的其他形式和无线电通信的其他应用被商业和政府部门用来改善服务、减少成本、减少车辆出行或者实现其他目标。

这些网络办公政策需要雇主和管理人员、雇员以及政府一起来制订。网络办公要求改变管理习惯，减少员工同时集中在一起的必要，包括很多以结果为导向的管理习惯（基于员工的工作业绩来评价员工，而不是简单地根据他们坐在办公桌旁的时间）和增加对电子办公的依赖。一般可先开展小规模的试验计划。

（2）对出行的影响。

多少员工能够网上办公以及网上办公能够减少多少机动车出行决定于几方面的

因素。据相关研究，制造通信产品 50% 的工作适合于网络办公，但是远程办公的员工实际比例要低得多。因为尽管他们的主要产品是可以通过电子方式来传递的信息，但并不是所有的员工都想通过通信的方式来办公或者有合适的家庭工作环境，而且很多工作要使用专门的材料和设备，或者需要频繁的面对面交流等。

网络办公能够大大减少参与员工的通勤出行。例如，一个每周两次以网络方式办公的人能够减少通勤出行 40%。网络办公的方式对较长距离的通勤出行者更具吸引力，所以车辆出行减少量相对较高。例如，网络办公计划能够减少 10% 的车辆出行，如果参与者居住较远的话，能够减少 15% 的出行里程。

一些研究表明，电子网络和交通是互补的。电子网络的进步通过减少开销和增加机会会刺激出行。要使网络办公对车辆的出行产生较大的影响，就必须与其他能刺激减少出行的交通需求管理政策一起实施，如通勤的财政刺激、道路收费、停车收费、停车管理、基于距离的费用和燃油税的增加等，见表 2-9。

表2-9　交通影响

交通影响	影响程度	内　容
降低总交通量	2	减少通勤出行，但可能会增加其他的车辆出行
降低高峰时段交通量	3	减少通勤出行
将高峰时段向非高峰时段转移	1	增加非通勤出行
使小汽车出行向多模式交通方式转移	0	
改善可达性，降低对出行的需求	0	
增加合乘方式	0	
增加公共交通比例	0	
增加自行车比例	0	
增加步行出行	0	
增加网上办公方式	3	
降低货运交通量	0	

注:从3（有利）到-3（不利）表示影响程度，0表示没有影响或混合影响。

（3）成本和效益。

因为网络办公减少了通勤出行，因此其在很大程度上减少了拥堵和停车费用。通过增加交通的选择权、方便性和节省财政支出，网络办公能为消费者提供很多好处。这种方式受到了员工的好评，并且能增加他们的工作效率和工作满意度。

该措施成本主要包括增加的管理责任和操作难度，而且对员工工作效果的评价将会更难。弹性工作制减少了员工在一起的时间和相互交流的机会，需要额外的电脑和通信费用的开支以及额外的家庭取暖或制冷费用，同时有可能增加土地利用的蔓延，见表 2-10。

表2-10　收益影响

目 标	影响程度	内　容
降低拥堵	3	明显地减少了通勤出行
节省道路和停放空间	2	减少车辆使用和出行
消费者的节省	2	减少车辆出行
交通方式选择	3	增加交通选择和便利性
道路安全	1	减少车辆出行
环境保护	1	减少车辆出行
有效的土地利用	−2	使土地使用更加分散
城市的宜居性	2	减少车辆使用

注:从3（有利）到-3（不利）表示影响程度，0表示没有影响或混合影响。

（4）公平性影响。

网络办公只适合于某些工作和雇员。对于弱势群体，网络办公可以改善其工作机会，如可以避免通勤出行给残障人士带来的出行不便，使经济上有困难的居民有机会在更大的范围选择更好的工作，见表 2-11。

表2-11　公平性影响

目 标	影响程度	备 注
平等对待每个人	-1	一些种类的职工可能被排除在外
用户支付应承担的费用	0	没有很明显的影响
有利于低收入人群	0	具有混合影响，增加了交通的选择权
有利于弱势群体	3	增加了不开车的人对工作的选择
改进基本可达性	3	能增加教育和雇佣的可达性

注:从3（有利）到-3（不利）表示影响程度，0表示没有影响或混合影响。

（5）适用对象及应用范围。

网络办公在任何区域都适合。在城市和郊区，网络办公都能减少拥堵，尤其在城市地区，它改善了就业服务的可达性。

（6）实施的障碍。

网络办公面对的是制度和技术障碍。网络办公要求改变组织和管理习惯，可能会增加设备开销，例如，要求增加手提电脑而非台式电脑，或者额外的通信服务。劳动组织考虑对弱势群体的消极影响，对网络办公也会有一些反对。很多住宅区禁止在家办公，这可能使远程办公在技术上不合规定。

2.1.3.3　增加/鼓励其他交通方式

（1）大容量快速公交。

大容量快速公交（轨道或BRT）可以在交通量较大的城市交通走廊上提供便利的服务，联系主要目的地，如中心商业区、医疗中心、高校和娱乐中心。轻轨运输车辆的操作相对平稳、舒适，方便上下，车站区域具有较大吸引力，其路线和时刻表便于理解。很多轨道系统具有快速搭乘和运输优先权的特征（专用路权和交通信号优先），以产生最大的出行速度和最小的拥挤延误。其通常以方便的用户信息（很多城市地图显示了轨道交通线路和车站）和运输鼓励策略来增加乘坐的人数。

大容量快速公交各方面条件的改善通常由城市交通主管部门和公共交通运输企

业来执行，且能得到其他政府机构和商业的支持。同时，大容量快速公交的实施需要以“公交优先”为导向的发展政策的支持。

（2）合乘。

合乘是指上下班时小汽车使用者和其他人员的合用。充分利用小汽车的车辆座位，合乘的边际成本很低。合乘是最常用、最具效益的可选择的交通方式之一，特别是在公交运输服务不能直接到达的地区。合乘也是方便不开车人的重要的机动性选择。

合乘规划通常提供小汽车合乘组合和减少驾车出行的激励措施。合乘的激励措施可能包括高占有率车道优先（如高占有率公路车道），优先的停车场地和其他奖励。有些单位还提供通勤财政激励措施。

（3）停车换乘。

停车换乘设施能够增加公共交通和合乘出行，特别是在城市边缘地区。停车换乘包括运输车站、公共汽车站和停车设施（有些还包括自行车停车场）。停车换乘通常是免费的，或者费用比城市中心区要便宜很多。

停车换乘设施通常由城市交通部门指定。比如，现存的未能充分利用的停车场（例如一个商业街的停车区）可以被指定为停车换乘使用。有时候停车换乘设施需要具有巡逻和照明功能，以保证安全，使使用者能够放心地停车。

（4）自行车 / 公交一体化。

此方式指自行车与公共交通相结合。在交通量较大的交通走廊上，这种交通方式对于中长途出行有较大吸引力；相对于小汽车出行，在有些区域，自行车与公交组合的交通方式能提供更高水平的机动性。

一个公交站点通常只能吸引在 10min 步行距离之内的乘客。而一个骑自行车的人在相同的时间内可以走 3 ~ 4 倍的距离。在中密度地区，对于目的地较为分散的交通，自行车的使用尤为重要。

（5）公共交通改善。

公共交通（也叫大众交通）包括以下一些形式：地铁、轻轨、有轨电车、常规公交（包括小公共）以及出租车。

改善和鼓励公共交通服务的方式有很多，主要包括以下几种：

① 增加覆盖范围，提高发车间隔，延长运行时间。

② 实行高占有率车辆优先政策（HOV 车道、公交专用车道、超车车道、公交优先的交通标志等）。

③ 将道路资源再分配给公共交通和步行。

④ 舒适度的改善，包括公交车辆和站台。

⑤ 采用价格更低和更方便的车票。

⑥ 通过电子智能卡使车票付费更加方便。

⑦ 完善公交信息发布，包括地图、日程表、联系电话和其他在如何通过公共交通到达一个特定目的地的信息。

⑧ 改进步行和骑自行车环境，以及公交站附近的道路环境。

⑨ 自行车和公共交通的整合（公共汽车的自行车架，自行车路线和在公共交通站附近的自行车停车场）。

⑩ 设施建设。使车站和步行设施的设计适应于残障人士和其他的特殊需要。

（6）鼓励步行和骑自行车。

鼓励步行和骑自行车包括一系列支持和改进非机动交通的计划和活动，这些计划能够帮助提升非机动化交通。在特别的活动或竞赛过程中使出行影响趋于最大，这些体验还可能使参与者改变长期的出行习惯。鼓励骑自行车及步行计划通常需要政府和企业来协作实施。

2.1.3.4 限制机动车拥有和使用

（1）道路收费 / 拥挤收费。

道路收费指在某条道路或某个地区驾驶员要为开车而直接付费。道路收费能够直接减少拥堵或改进道路状况。同时，道路收费也是投资高速公路和桥梁改造以及公交改善的资金来源。

经济学者的研究表明，道路收费是承担道路建设费用的一项有效、公平的方式。这比其他由非使用者承担道路改造资金更加公平经济。

道路拥挤收费主要包括以下措施：

① 道路拥堵收费。道路拥堵收费一般指可变道路收费，即高拥挤状态下收取较高费用而低拥挤时间和地点收取较低费用，其目的是减少高峰期出行。收费可根据固定的时间表而变化，也可根据某时段的拥堵水平而变化。

② 区域拥挤收费。区域收费是驾驶员在特定区域行驶而要缴纳的费用，通常是在城市中心。一些区域收费只是在高峰期实施。一般可以通过出示通行证在这一地区行驶，或通过在这一地区的入口交费的方式。

（2）根据里程收费。

根据里程收费（也称为开车收费，根据公里数收费）是基于车辆行驶的距离来收费，所以行驶里程越高则付费越多，行驶里程越低则节省越多。这样的收费比一般的固定收费更加经济有效和公平。

（3）燃油税。

燃油作为机动车出行的主要成本，对机动车出行有较大的影响。同时，燃油税也具有以下几个方面的用途：

① 作为能源保护措施。燃油税的提高是节约能源最有效的方法，可降低国家对石油进口的依赖，减少环境污染，实现可持续发展。

② 使外部成本内部化。燃油生产和消费对经济、社会和环境具有严重的影响。石油生产和消费的外部成本（包括环境破坏、税收补贴、微观经济和石油出口的安全花费）应该由燃油的消费者支付。

③ 作为一项 TDM 政策。燃油是最大和最直接的车辆运行费用。更高的车辆运行费用将使车辆出行趋于减少。因为这个原因，提高燃油税有时被提议作为减少驾驶出行的一种方式。

（4）高占有率车辆（HOV）优先。

高占有率车辆优先，包括给予高占有率车辆专用车道、在交叉口给予其信号优先权、为合乘车辆提供首选停车场或停车费折扣。在美国的许多地区，高占有率车辆优先是交通需求管理计划的主要组成部分。有两个、三个或四个以上乘车者的车辆可以称为高占有率车辆，包括公交车辆、上下班合乘车辆。

一般地，可通过新建高占有率车道来鼓励高占有率车辆，也可利用现有车道。高占有率车辆车道能使用信号、标记、缓冲区或障碍物将高占有率车辆从常规交通中分开来。高占有率车辆车道可以是 24h 或仅是高峰小时利用。高占有率车辆方案作为整体交通政策的一部分，其实施效果通常都是成功的，包括其他公交和合乘的改进及鼓励政策。

（5）停车收费差别化政策。

停车收费是指机动车使用停车设施并支付费用。停车收费是经常采取的一种交通需求管理的一项措施，该费用可用来抵消停车设施的各项开支，或是对其进行综合利用。

以下是通过停车手段进行需求管理的各项技术：

① 在高峰时段和拥挤区域，提高停车收费价格。

② 采用阶段性的收费结构，鼓励短时停车。

③ 在不宜提高现有停车位的停车费用的情况下，应增加收费停车位，并延长收

费时间。

④ 减少长期停车的优惠。

⑤ 避免提供过多的停车位。

⑥ 通过地方立法，鼓励业主或经营者对停车位收费，同时对免费停车场征税。

⑦ 在居住区停车，对居民及非居民采取分类收费。

⑧ 雇主应避免为每位雇员都提供免费停车位，可采取折扣或补贴的方式鼓励少用车。

⑨ 改革现有的免费停车政策，对停车位收费。

⑩ 居住区附近的路侧停车位应收费。

⑪ 为合乘者提供免费或优惠停车位。

2.1.3.5 调整机动车时空分布

可变工作时间制（也称作可变工作时间）包括：

（1）错时上下班。

错时上下班是指允许员工在日常的工作制中有一些机动性的安排。例如，一些员工的工作时间为 8:00 ~ 17:00，也可以从 7:30 ~ 16:30，或者从 9:00 ~ 17:30。

（2）压缩工作日。

压缩工作日是指员工可以在一定时间内少工作一些天数，但一天的工作时间会长一些。比如一周工作四天一天工作 10h，或者要求员工在两周完成 80h 的工作时间，每天工作 9h。

（3）弹性工作制。

弹性工作制是指允许员工在一定的时间范围内设定他们到达和离开的时间，要求员工在 1 ~ 2 h 范围内到达，8h 后离开。这个措施在几个方面潜在地影响着出行，在拥挤地区，可使员工避开拥挤时段，从而拉平了高峰小时交通量。另外，在员工工作时间不同的地方，单独实行合乘比较困难，通过实行弹性工作制有利于实施合乘策略。

2.1.3.6 小结

不同的交通需求管理措施对出行会产生不同的影响，其影响程度也根据各个城市的具体情况的不同而不同。针对特定的城市和特定事件，在研究制订交通需求管理政策时，需要多方面的配合和支持，并加以宣传，以便取得市民的支持和接受，从而取得更好的实施效果。交通需求管理措施汇总于表 2-12。

表2–12 交通需求管理措施汇总表

类别	措施	实施方法	效果		适用范围、对象	配合措施
			正面	负面		
土地利用管理	交通引导土地利用（TOD）	TOD由当地规划部门进行规划设计，有计划地在公共交通站点附近规划新的住宅小区，并进行混合用地规划	明显比减少了车辆出行，减少了社区周围小汽车拥有量；促进了公共交通方式使用		可在市区或郊区有充足公交的地方规划实施，或在新开发地区实行交通先导策略	公共交通的改善，步行环境的改善
交通出行替代	网络办公/电子通勤	需雇主和管理人员、雇员以及政府一起来制订合适的网络办公政策和实践方式	网络办公能够大大减少参与员工的通勤出行；在很大程度上减少了拥堵和停车费用	可能增加额外的小汽车出行；可能会增加设备开销	网络办公在任何地理区域都适合	通勤的财政刺激、道路收费、停车收费、根据里程收费和燃料税的增加
增加/鼓励其他交通方式	大容量快速公交	由政府规划实施，可由政府和企业投资建设	降低总的机动车出行量，减少拥堵	增加政府的财政负担	交通拥挤严重的交通走廊及中心区	TOD发展模式、公交一体化建设、对机动车出行进行限制会有更好的效果

类别	措施	实施方法	效果		适用范围、对象	配合措施
			正面	负面		
增加/鼓励其他交通方式	合乘	由员工自己组织或由工作单位组织车辆供员工上下班通勤使用；需要提前进行宣传；在规模较大的合乘计划中可使用计算机系统进行合乘人员的组合，考虑每个通勤者的出发点、目的地和特殊的需求；规模较小的项目只需进行人工组合，或者使用搭乘信息板	降低高峰小时交通量	可能有安全隐患	适于长距离的通勤出行	高占有率车道优先，优先停车场地和其他奖励
	停车换乘	停车换乘设施通常由地方交通或运输部门实施，在大型公共交通枢纽建设停车场	停车换乘设施能够增加公共交通和合乘出行，减少了城市道路的交通拥堵和工作地点的停车需求	可能会导致城市的蔓延	停车换乘在大城市区域的边缘最适合，适合所有的机动车使用者	提高公交和合乘服务质量，以及高占有率车道和通勤财政补贴
	穿梭巴士服务	由公交机构、开发商、校园管理机构或商业机构来实施	能够部分代替小汽车出行，并且能够支持其他的交通需求管理策略，增加公共交通的使用	增加政府的财政负担	城市商业中心区和大学区，短途运输	
	自行车/公交一体化	自行车与运行线路的组合通常由政府部门来执行，需要安全和有利于自行车交通的环境	有助于吸引自行车和公交出行，提高了出行的便利性	政府需提供财政支援	适于公交末端密度不足的长距离出行以及出行目的地为多个短距离的出行	公交改善，限制机动车使用的各项措施

类别	措施	实施方法	效　果		适用范围、对象	配合措施
			正面	负面		
增加／鼓励其他交通方式	公共交通改善	由公共机构，在得到政府和商业机构的支持下进行建设	进行有效的交通方式转移，增加公共交通方式的使用，使大多数人受益	增加政府财政和补贴负担	适于所有地区及各类出行人员	限制机动车出行，实行道路和区域收费，公交补贴
	鼓励步行和骑自行车	由地区政府、个体商业来协作实施	减少交通拥挤、道路和停车设施花费以及环境影响，提高社区宜居性和公共健康	可能对机动车交通产生干扰	适于居住社区，各类短距离出行人员	使步行和自行车交通得到改善
	通勤财政补贴	由政府指导，员工和其工作单位实施，需要严格的监督制度	出行趋于向公共交通转移	增加财政补贴，给政府和雇主带来经济负担	适于通勤出行人员	限制机动车出行
发限制机动车拥有和使用	拥挤收费／道路收费	由收费站或当地运输管理部门来执行，执行前需经过政府部门的批准； 在道路和区域严重拥挤的区域实施时，拥挤收费路段及区域周围应具有良好的公共交通替代方式	降低总交通量，将一部分交通量从高峰时段转移到非高峰时段，减少拥挤	可能会给周围不收费道路带来一系列的交通问题，如：拥堵、事故、污染、车速降低等；道路规模的扩大和交通量的增长给所经过的居住区带来了负面影响；可能遭到部分利益群体的反对，对一些商业产生消极影响	严重拥挤的交通走廊，交通拥挤的中心区	公共交通改善，HOV优先

类别	措施	实施方法	效果		适用范围、对象	配合措施
			正面	负面		
限制机动车拥有和使用	根据里程收费	根据里程收费（注册费、购置税、重量—距离收费、排放费等）将通过政府立法来实施	提高公平性，减少车辆出行	受到不同利益群体的反对，如行驶里程多的道路使用者	道路拥挤和污染严重的区域	改善公共交通方式
	燃料税	由政府定价实施	提高燃料利用效率，减少一定出行，减少污染	受到机动车使用者的反对	道路拥挤、能源短缺和污染严重的区域	
	高占有率车辆（HOV）优先	新建HOV车道来实施HOV，也可利用现有车道	提高了车道的使用效率，节省了出行时间		拥挤严重的交通走廊	停车换乘，高占有率车道收费（HOT）
	停车收费	由当地政府进行指导，由交管部门和私人企业实施	在减少高峰出行方面尤其有效，增加了公共交通出行方式，减少拥挤	公众反对及可能减少一个地区的商业活动	城市商业中心区、交通严重拥挤区域	公共交通改善、停车换乘、穿梭巴士
调整机动车时空分布	可变工作时间制	政府指导、各单位及员工参与	降低高峰小时交通量，减少拥堵，将高峰时段交通向非高峰时段转移	压缩工作制减少了总的通勤出行，可能增加其他出行	交通拥挤严重，具有明显的早晚高峰特征的区域，主要针对通勤出行	

2.2 往届奥运会交通需求管理措施

2.2.1 洛杉矶奥运会

2.2.1.1 调整公交线路，提高公共交通运力

洛杉矶奥运会的目标是既要满足已有的通勤交通需求，又要满足奥运观众的交通需求，南加州捷运局建议采用与公共交通系统相独立的奥运交通系统，即用 475 辆公共汽车服务 17 个场馆，但其服务将主要针对 Exposition Park 和 Westwood / UCLA（加州大学洛杉矶校区）区域。

私营公交公司在体育馆区提供了 794 辆公共汽车，承担了 25%的观众运量。相对地，私人公交车辆在主体育馆西侧和运动场南侧的 LAOOC 停车场以及游泳馆附近的 USC 停车场享有优惠停车的待遇，而且载有观众的租赁巴士可以优先进入主体育馆。

在体育馆区，除了常规公交线路之外，组织者还提供了特殊的奥林匹克路线，这些路线类似于招手即停的路线，在 Remote Line Termini 和可以搭载乘客的主体育馆区设置中间站点，并享有交通控制优先权。

同时，洛杉矶奥运会在所有的场馆提供了穿梭巴士服务。大体育馆、南加州大学以及展览馆地区承办了大量大型活动及赛事，高峰期观众达到 127000 人次，交通形势严峻，为此，组织者在此区域使用了大量的公交服务来运送外围停车场的观众进入赛场。

Fernando 通往主体育馆的穿梭巴士主要由三条组成，一条从 Crenshaw 购物中心出发，一条从商业中心区出发，最后一条为商业中心区南侧边缘区，以服务沿线的可利用的停车区。这种服务是奥林匹克公共运输系统的主干，使用了 146 辆巴士，分担了 60% 的地区交通小区方式的份额。

在 UCLA（加州大学洛杉矶校区）地区，公交服务分担了 30%交通。其中，10%的公交使用者利用现有的 SCRTD（Southern California Rapid Transit District，南加利福尼亚快速公交区）服务及 UCLA/Westwood 地区的其他公共汽车线路，50% 的乘客使用从停车场附近开出的穿梭巴士，另外 40% 的乘客使用专设的奥林匹克线路，这些线路从 LAX/FOX Hills，洛杉矶市区，Hollywood 和 The San Valley 始发。SCRTD 指定 7 辆巴士用于穿梭服务，18 辆为专线服务。

在 Loyola Marymount 大学，地区交通小区的班车服务在奥运会期间继续服务，同时提供 5 辆巴士承担穿梭服务。

洛杉矶奥运会还对公交线路进行了调整。在加州大学洛杉矶分校赛区，公交线路主要由南加利福尼亚快速公交区（SCRTD）、Santa Monica 城市公交线（SMMBL）、Culver 城市公交线（CCMBL）这三家公司经营。奥运会期间，SCRTD 在日常服务之外，增加了与日常线路相重叠的特殊服务线路。SMMBL 按照需求增加公交车辆，并且一有特殊要求，随时采取其他特殊措施。CCMBL 通过增加一条线路及改变另一条线路来满足奥运的交通需求。同时，在奥运会期间，三家公交公司开展了充分合作。

2.2.1.2 设置公交专用道，改善公交服务

洛杉矶奥运会期间，为使公交能优先、快捷的运行，在一些街道上实行了优先控制手段。其中，在新闻发布中心（第 11 街）和主体育馆之间的 Figuereo、Flower 街实行单向交通。在 Flower 街上设置一条向南的反向车道，或者视情况在接近主体育馆的向南的 Figueroa 街设置优先街道。在 Verment Avenue，King Boulevard，第 39 街和 Flower Drive 实行公交优先。同时，在 Verment Avenue 的 Santa Monica 高速公路出口匝道及 King Boulevard 的 Harbo 高速公路出口匝道，高峰期间只允许公共汽车通过。

在主体育馆区设置了两个交通枢纽中心，设有街外上下客的设施，同时限制机动车在 Broadway 和 Figueroa 之间的第 39 街、第 38 和第 39 街道之间的 Flower Drive 的任意使用，使这些街道仅限于为公共汽车和本地车辆服务，为枢纽中心提供了一个较好的进入通道，同时为公共汽车在高峰期间提供分段运输区域。

在 UCLA（加州大学洛杉矶校区）地区设置了奥林匹克线路，这些线路从 LAX/FOX Hills，洛杉矶市区，Hollywood 和 The San Fernando Valley 始发。

在加州大学，公交车和合乘私家车将使用连接洛杉矶市中心和 E1 Monte 的道路作为专用道路，乘客可在校园南面的中央车站上下。

2.2.1.3 设置远距离停车场，并提供穿梭巴士

在大体育馆、南加州大学以及展览馆地区，交通拥堵主要发生在 Harbor 和 Santa Monica 高速公路的立交处，为了减少此处的交通量，缓解拥堵状况，组织者特别提出了一个把前往主体育馆的交通提前分流的方案，使用 Santa Monica 高速公路的车辆西面从 Western and Normandie Avenue 驶出，东面转移到 Hill Street 和 Central Avenue，Harbor 高速公路的北行车辆使用 Slauson 和 Vernon Avenues 疏散，南行车辆转移到向东的 Santa Monica 高速公路，并在那里转入往南的 Hill Street。两条高速

公路上的车辆将在指定的匝道驶出，然后由诱导标志指引到疏散街区。

2.2.1.4　通过票务政策，调整出行时空分布

洛杉矶奥组委（LAOOC）建立了一套票务政策，这套政策对比赛场馆的交通运输和停车产生了积极的影响。这套政策包括对于全天穿梭在洛杉矶纪念大体育馆的车辆发售打折的全天通票，这将有助于减少大体育馆地区的车辆和行人在上下午赛前赛后高峰时的出行。另外一个减少机动车和停车需求的票务政策是“赞助人”程序，这个政策允许个人订购者可以拥有每一天的任何比赛的两张门票，这种票的价格相当于购一批票的价格，这样的价格足以使老人和年轻人望而却步。这些政策的作用将会减少交通需求和缓解大体育馆地区和其他比赛场馆的潜在停车问题。

2.2.1.5　采用错时出行政策

在加州大学洛杉矶分校，在比赛期间，校园内不举行任何会议，通过这项措施，在校园的东部和东北部，交通量减少到日常的 30% ~ 35%；在校园的西部，Galey 大街周边，交通量是日常的 75%；在校园的南部，临近 Westwood 村的地方，交通量是日常的 85%;西、南部交通量减少不多是由于医疗中心是无法关闭的。总的来说，校园周边交通量得以减少，对于周边道路交通情况、校区停车情况起了缓解作用。

2.2.1.6　提供交通信息手册，引导公众出行

洛杉矶奥组委（LAOOC）实施了一个为公众提供奥运出行和交通信息的计划。这个计划包含下列内容：奥运交通诱导标志，为观众提供交通系统信息的《交通信息手册》，描述交通规划和推荐出行路线的滚动新闻以及交通协调中心。洛杉矶的《交通信息手册》推荐包含下列信息：前往场馆公交服务信息、前往穿梭巴士站、停车换乘场所和其他公交车站的指导信息、到达场馆的最优路线、停车场信息、指示标志示意图、公交运输信息热线电话。由于市内的两个主要场馆存在严重的停车位供应不足现象，所以该手册努力诱导观众使用为这两个场馆服务的公交系统，并同时告诫驾车员场馆附近严格限制停车和惩罚政策，促使其放弃驾车计划。

在比赛期间，洛杉矶奥组委（LAOOC）通过新闻媒体及时通报交通状况、交通管制情况和到达场馆的最佳交通方法，同时通过媒体向习惯驾车去运动场馆和寻找停车位的南加利福尼亚居民强调使用公共交通的必要性。

2.2.2　亚特兰大奥运会

亚特兰大奥运会面临的一个重要问题是几乎所有的奥运场馆都在奥林匹克交通环内，为了缓解交通压力，在这些场馆周边不设私家车停车位，通过公共交通满足

观众的出行需求。交通需求管理措施在奥运会期间引导居民出行方面起到了重要作用。为了本次奥运会，亚特兰大开展了 CCN（Commute Connections Network）计划，主要包含两个方面的内容。

（1）减少城市通勤交通。主要包括：鼓励公交、停车管理、鼓励合乘、骑自行车、步行、弹性办公、网上办公、压缩工作日、休假、宣传等。

（2）货运管理。奥林匹克交通环上，在 7:00 ~ 23:00 仅允许有通行证的车辆通行；通过库存和改变工作地点来减少货运需求。在市中心区的很多道路规定了禁止停车区，向货运企业、快递公司以及奥运场馆周边的公司通报何时奥运交通高峰将会发生。

公共交通：据统计，奥运会观众交通系统 MARTA 在奥运会期间所承担的客运量为平均每天 120 万人次，其中地铁 90 万人次、公交 30 万人次。与 1995 年 4 月相比，轨道交通运量增长了 316%，公交运量增长了 37%。该数据只是计数的结果，还不包括持票观众免费乘坐的部分。穿梭巴士与场馆、枢纽相连接的 P&R 换乘点，每天承担 30 万人次运量。奥林匹克交通环内场馆 90% 的人选择公共交通进入场馆，考虑外围场馆，公共交通选择比例也在 85% 以上，仅有 8% ~ 12% 的人选择小汽车出行。在被调查者中，80% 的持票观众选择免费乘坐公共交通。

停车管理：场馆周边不设自驾车停车位，一些停车场禁止停车。针对奥运观众，设置了 45 个 P&R 和 P&W 停车场，共 8 万个停车位。

货运管理：向 10000 家企业发送了信函，其中有 450 家反馈愿意协助工作。45% 的回复中提到希望制订奥运会期间甚至长期的 TDM 政策。由政府和私人企业共同组成的需求管理政策推动实施联合体，保证奥运交通的同时也保证了城市交通。其主要途径包括：使用路外装卸区，不占路停车，夜运等。UPS、Fedex 等物流公司，CSX、Norfolk Southern、GATX 等运输企业都对货运车队管理表现出了积极的态度，既较好地完成了任务，又在一定程度上减轻了高峰期的路网压力。

实施方法：

（1）发送交通需求管理信息包。

（2）发布交通需求管理实施公告。

（3）将交通需求管理政策放在奥组委网站上。

（4）开通服务热线。

（5）广播、报纸等媒体。

（6）重点放在了奥林匹克交通环内员工在 100 人以上的企业，超过 4 000 家企业收到过交通需求管理宣传资料。

实施效果：

（1）通过交通需求管理的实施，使路网中公交车比例增加，高峰期变缓。

（2）通过交通需求管理措施，减少通勤交通 10%。

（3）南北向交通量减少 4% ~ 6%。

（4）环线交通量增加 4% ~ 11%。

（5）高峰交通量减少 30%。

（6）臭氧排放减少 30% ~ 50%。

实施经验：

（1）利用轨道交通是亚特兰大奥运会减少交通量的最有效措施之一。

（2）奥林匹克精神是促使私人企业支持临时性的交通需求管理措施的最关键因素。

（3）结合改善大气污染实施奥运交通需求管理措施是一个有利时机。

（4）通过交通信息改变出行路线也起到了相当重要的作用。

（5）CCN 计划和 ITS 的应用对奥运交通起了重要作用。

（6）媒体宣传是交通需求管理实施产生效果的一个主要因素。

2.2.3 悉尼奥运会

悉尼奥组委认识到：必须有一个统一的机构协调管理奥运会期间的交通。为此，新南威尔士州政府早在 1997 年就成立了奥运会交通局，专门负责协调整个悉尼奥运会和残奥会期间的交通运输。

奥运会交通局认为：要想让所有的人都安全、正点地抵达目的地，方法只有一个，那就是充分利用公共交通工具。

2.2.3.1 限制私家车辆出行，鼓励公众使用公交出行

为了减少私家车的使用，鼓励人们搭乘公交，悉尼奥运会期间采用了优惠措施和约束措施并行的方法。优惠措施是在门票中包含一部分交通费，凭门票可以直接搭乘前往赛场的公交系统，可搭乘的公交方式包括整个 CityRail 网，悉尼专门修建了一条 5.3km 长的环行铁路，把奥运村与市区内四通八达的铁路线都连接起来。火车站位于奥运村的中心，其每小时能运送 50000 名乘客。在奥运会期间，悉尼市的铁路系统实行 24h 运行，与铁路交通相配合的是一个庞大的公路交通网。3800 辆公共汽车组成澳大利亚历史上最大的公交车队。以奥运村为中心，13 条公交线路一直

辐射到悉尼市郊区，每条线路都与指定的大型停车场连接；约束措施是高额的停车费用（每小时 25 美元），并且要预约停车空间。在关键路段设置单车道或双车道的奥运公交专线。

在奥运会期间，轨道交通客运量达到 2948 万人次，是平时 1385 万人次的两倍多。在赛前，悉尼市加大了宣传公交优势的力度，宣传公交的便利和环保；向悉尼市的普通家庭发放 90 万份普通公交的宣传资料和 85 万份轨道交通宣传资料，以吸引普通市民。同时，在奥运场馆周边实行交通管制，并执行严格的停车管制。提供 2.5 万多个免费的临时停车换乘车位，分布在 13 个奥运公交专线和穿梭巴士沿线。

2.2.3.2　加大宣传力度，鼓励带薪休假、错峰上下班、在家办公等

为了减少高峰时间的交通量，悉尼市实行了放假，改变、压缩工作时间，提倡在家办公，改变商业送货时间等措施；同时，向普通市民发放奥运会期间的交通图，以减少因绕行而产生的交通量，特别是大规模步行区的设置，轨道站的错开利用，拉长步行时间来错开人流以及利用出行手册来诱导性地限制观众选择交通等手段简单而有效，而且符合悉尼的实际。在 9 月 22 日 ~ 9 月 24 日的高峰期，为了使观众分批到达，悉尼通过媒体宣传，如按正常时间出行，有可能因为拥挤而迟到，故鼓励人们提早出行。

2.2.3.3　向公众发放出行手册，引导公众出行

为了避免高峰出行在不同交通方式之间分布不均，悉尼通过向观众提供出行手册，以诱导不同地区、不同目的地的观众使用不同的交通方式。在手册中，悉尼被分成 18 个区，观众通过在手册里确定自己的起终点来确定自己应使用的交通方式及路线。手册中的建议均可帮助观众以便捷的方式到达目的地，同时也满足了不同交通方式均衡承担压力的要求。如在西部轨道交通线附近的观众，发给他们的手册并没有注明 Penrith for the Regatra Centre 的停车换乘点，从而促使他们使用轨道而非停车换乘。手册最后列出了 18 个分区之间的 300 种出行方式和所需时间，奥体公园专用道的 125 个巴士停靠站及 CityRail 轨道网的 300 个站点。其他的需求管理措施还包括：网上办公、弹性办公、减少商业活动、鼓励休假、延长学生假期等。

通过有效的组织和需求管理，大量的观众转而使用公交，道路交通条件得到了巨大改善，交通流量下降了 15%，高峰小时流量下降了 24%，特别是奥运专用道的流量下降得更多。在交叉口方面，高峰小时流量较之赛前的一个月下降了 31%，奥运专用路更是下降了 34%。可见，悉尼为了保证交通顺畅采取的措施是有效的，悉尼奥运会交通得以顺畅运行，交通需求管理可谓功不可没。

2.2.4 盐湖城冬奥会

2.2.4.1 建立停车换乘或停车步行系统

盐湖城冬奥会期间，为了使观众减少使用小汽车，使拥挤程度降至最低，组织者建立了一个停车换乘或停车步行的辅助系统，以方便观众在不同出行方式间的转换。这个系统包括：

（1）6 个临时停车换乘或停车步行点。

（2）冬奥会期间，整个 Salt Lake Valley 地区在战略位置上的现有停车场都将被用作停车换乘或停车步行点。

（3）冬奥会期间，临时扩大坐落在 UTA TRAX North-South 轻轨车站的现有停车换乘场。

停车场的合理设置是停车换乘系统成功运行的关键。举办城市应根据各自的特殊情况，选择不同区域来合理安排停车场。但一般都设置在距赛场较远的轨道及高速公路沿线。

在盐湖城市中心，盐湖城冰场中心将进行奥林匹克花样滑冰和短道速滑项目比赛，在奥林匹克颁奖广场每天将进行赛程的颁奖典礼。此外，主新闻中心和奥林匹克饭店也位于市中心区。因此，在该区域，运动员、技术官员、观众等往来频繁。盐湖城市中心的地下及地上停车位总量大约有 32000 个。其中，大约 4500 个停车位可以在工作日高峰期间（13:00 ~ 18:00）向奥运观众开放，18:00 之后，几乎所有的停车位都可以使用，但这不足以解决问题。为了充分利用轨道交通，除了 UTA 南北方向 TRAX 轻轨沿线现有的 2000 个永久停车位外，奥运会前沿着 UTA TRAX 轻轨线路又建了 2000 个停车位，并在奥运会期间另外设置了至少 24000 个临时停车位。

与此同时，在轨道交通服务覆盖不到的地区，为观众规划了一个区域性停车和穿梭巴士网络。在 Westwood 地区，穿梭巴士扮演着主要的角色，在 SAN DIEGO 高速公路附近设置了一个大型停车场，作为穿梭巴士的载客点，以此截断从高速公路来的车辆，避免其进入奥运场馆周围交通非常拥挤的街道。从停车场出发，穿梭巴士沿着 Wilshire Boulevard，然后向东到 Verteran Avenue 或 Gayley Avenue 靠近 Strathmore Drive 东边的载客点。同时，为了服务奥运村和 UCLA32 号停车场，在 Gayley Avenue 也设置了中间站点。

对于 Salt Lake Valley 以外的赛场，大多数观众和志愿者都是使用私家车前往。为了防止拥堵，大多数停车场都设置在距离赛场 5mile 之内。到停车场之后，观众和志愿者可乘坐专门的穿梭巴士到达赛场。为了提高穿梭巴士的载客率和周转率，可免费乘坐穿梭巴士。在盐湖城 Snowbasin Ski 地区举办的是男子、女子滑降比赛，男女混合滑降比赛，比赛期间门票数分别为 23415（两天）张和 19915（四天）张，平日尚有 1500 人次日常滑雪爱好者前往，为此，在 Cornia Driver Interchange 的 US89 和 Mountain Green 附近的 I-84 这两条公路附近设立停车场为普通观众服务。同时，赞助商、NOC/IOC 车队、媒体及远程公共汽车也将在此停放，而后通过穿梭巴士进入赛区。与 Snowbasin Ski 地区停车场设置方法类似的还有 Park City Mountain 旅游点（设置在 Siver Creek 与 40 号公路交叉口的东面）、Deer Valleye 旅游点、Soldier Hollow 奥运赛场。

在犹他州奥运场馆，停车场设置在赛场附近，观众下车后可直接步行进入赛场。奥林匹克公园普通观众停车地点设在 SR224 人行设施处，主办（赞助）单位、NOC/IOC 机动车停车场和媒体的停车场设在赛场附近和人行广场。同犹他州其他场馆一样，观众下车后可步行进入赛场。与此类似的停车场还有 Ogden 冰盾奥运赛场（比赛场旁的一个人行广场）、山峰冰雪竞技赛场（Brigham Young 大学校园旁边和赛场附近的一个停车场）、中心奥运赛场。

这些措施使得盐湖城每天机动车出行减少 15000 辆次，70000 名进出市中心的奥运观众中的一半利用 P&R 停车场，采取私家车和奥运班车换乘的出行方式。

2.2.4.2　提供多样化的公交服务

盐湖城地区的公交服务主要由 UTA 运营的固定线路公交系统提供。这个系统由两部分组成，一部分是原有的快速公交系统，包括城市间的、限速、招手即停、为通勤人员准备的快车，另一部分是 TRAX 的轻轨服务系统（1999 年 12 月开始运行）。在 2000 年，整个 UTA 公共交通总乘客超过 3150 万人。同时，新建了一条 2.5mile 的轻轨线，在奥运会期间，将盐湖城区南北运输线扩展至犹他大学，在这条轻轨线上设立了四个中间站。

同时，盐湖城建立了 4 个公交服务中心来停放和调度公交车辆。其中，坐落在 Ogden 和盐湖城的两个公交服务中心是在现有的基础上扩建的。在 Park City 附近建造了第三个公交服务中心，第四个坐落在 Orem。

盐湖城冬奥会期间，组织者在盐湖城与 Snowbasin，犹他州的奥林匹克公园，Park City，Deer Valley，Soldier Hollow 的各场馆间提供长途公共交通服务，同时还在盐湖城与奥林匹克公园，Ogden 的 Ice Sheet，Peaks Ice Arena 和 E Center 之间建立公共运输体系，以方便观众使用。

2.2.4.3　提供内容丰富的信息服务，引导公众出行

盐湖城冬奥会期间，组织者非常重视公共信息发布，以确保观众、奥林匹克大家庭成员、运动员、媒体的安全和高效运送，因此建立了一个公共信息程序和系统，这个系统包括：

（1）描述交通活动、到达各个地区的最佳交通方式、比赛时间和特殊管辖地的交通通行时间，以及赛会交通情况。

（2）宣布奥运会和残奥会之前以及期间的各种庆典活动和大型活动的交通情况。

（3）以上信息同时在网站上公布。

（4）通知市民关于主要活动的时刻和计划安排。

2.2.5　雅典奥运会

雅典也是交通拥堵比较严重的大城市之一，其路窄车多。雅典政府已经实施了一些措施以缓解机动车带来的交通压力，比如有计划地把一些道路设置为单行线，雅典市中心对私家车实行单双号限行制度。为了能够在奥运会期间提供质量可靠、安全便利、容量充足的交通运输设施和保障，以满足各种运输需求，雅典市政府采取了一系列的交通需求管理政策。

2.2.5.1　充分发挥公共交通的主导作用

雅典奥运会期间，每天60万人次的观众和志愿者运输主要依靠公共交通系统。持票观众可以在比赛当天免费乘坐雅典的公共交通工具；开辟的22条奥运公交专线能够通达所有的奥运场馆；雅典大力发展轨道交通，为奥运新建3条地铁，还有轻轨和电气化铁路，把整个雅典市区和奥运场馆有机地联系起来，且换乘方便，乘坐地铁和轻轨能够到达80%的奥运场馆，这大大缓解了地面的交通压力。

公共交通的优先和便利，让更多的雅典当地人把私车留在了家中，如此一来，交通问题得到了大大缓解。采取地下与地面的立体交通模式，不但让分布在雅典东南西北的众多奥运场馆有机地联系起来，而且也为去往奥运场馆的各路观众带来了方便。

据统计，在雅典奥运会期间，为运动员和新闻媒体提供服务的大巴士约为1000辆，而专门供奥运会交通使用的奥林匹克专用道基本解决了交通堵塞的难题。

而根据奥组委提供的消息，绝大多数的观众抵离奥运场馆都使用了公共交通。一份调查显示，各种公共交通工具的使用率分别为：公共汽车29.0%、地铁24.2%、火车16.8%、轻轨8.2%、出租汽车5.2%。

据雅典交通部门统计，雅典奥运会前 11 天，雅典地铁的每天客运量约为 50 万乘次，比 2003 年同期提高了 75%。从 8 月 13 日 ~ 24 日，地铁成为了雅典重要的运输工具。除了 50 万乘客之外，为数众多的奥运匹克大家庭成员、志愿者和使用免费车票者也使用地铁，其总数大大超过了奥组委原来预计的 45 万人。

2.2.5.2　实行临时交通管制，加强停车管理

奥组委交通部门对雅典的车辆出行进行严格限制。除非持有奥组委颁发的车证，其他车辆在很多区域都不允许通行。除公共交通车辆外，无证车辆和其他车辆，包括出租汽车都不能到比赛场馆。奥运场馆及其周围道路停车受到严格控制，并制订严格的停车管理措施，主要包括：高额停车费，繁华商业区停车收费高达每小时 8 欧元，办一个奥运会场馆停车证需 2500 欧元；高额罚款，违章停车通常被罚 65 欧元，而且 20 天之内不允许再开车，如果想照常开车，需缴纳 3 倍的罚款；限量发放通行证，像奥运会主会场周围地区的车辆必须办理通行证；场馆区外临近的地方都有很大的公共汽车停车场；违规停放车辆，将被拖走至奥运会结束时再返还。

2.2.5.3　下大力做好交通宣传

雅典奥组委交通部门为奥运会的顺利进行，开展了一系列的宣传活动。早在奥运会开幕前两个月，希腊交通部门就通过电视和报纸等媒体向雅典市民呼吁，奥运会期间，希望大家多乘公共交通，这些观念逐渐深入人心，每个爱国的人，都会响应。针对不同赛事，采取多种措施，向市民宣传有关交通疏散计划，向相关地区和居民派发交通线路通知和散发传单以及标有地图的交通指南，同时在中央地带和街道入口处张贴了有地图明示的招贴画；电台和电视台每天发布详细的通告，如仅对于 2004 年 8 月 17 日举行的自行车公路赛，便派出了大量人力，在雅典市中心所有停放的车辆挡风玻璃上张贴了通知单，通知车主比赛期间的交通计划。通过大量的宣传工作，使市民能够了解奥运会期间的交通组织和运行情况，便于相互理解和支持。

其他措施还包括：鼓励市民外出度假，实施分时段夜间市政作业，调整商业营业时间，实施夜间货运等。

2.2.6　小结

应对奥运会这样的大型赛事，要满足奥运交通服务的高质量要求，以及保障城市交通的协调运转，采取赛时交通需求管理措施已成为国际惯例。综合来看，往届奥运会主要采取了以下几类交通需求管理措施。

（1）充分发挥公共交通的主导作用，提高公共交通运力和服务水平，实行免费

公交政策，鼓励使用公交出行。

（2）通过交通管制和停车管理等措施限制私家车出行，场馆周边不设私家车停车场。

（3）鼓励停车换乘，为停车换乘或停车步行提供条件。

（4）对货物运输车辆加强管制，调整货车通行范围和时间。

（5）鼓励带薪休假、错时上下班和弹性办公。

（6）减少或停办会议，减少交通量。

（7）提供信息手册和信息服务，加强交通宣传。

通过采取以上措施，各举办奥运会的城市交通运转情况都有所好转。以雅典奥运会为例，通过采取一系列的措施，雅典主要道路的交通流量下降了 15% ~ 20%，高峰小时流量下降更多，达到了 24%，交叉口的延误也有明显的下降，延误时间平均减少了 31%。

可见，以公共交通为主导，限制小汽车出行是奥运交通需求管理的主要任务之一，也是往届奥运会交通需求管理措施的主体。交通需求管理措施的实施，在削减路网流量、提高速度等方面起到了关键作用。另外，宣传和信息服务也是交通需求管理措施的重要内容，是保障各项措施顺利实施的不可或缺的手段。

同时，各奥运会举办城市制订的交通需求管理政策也应符合各自特点，如雅典的鼓励带薪休假政策，由于雅典已经形成这种休假习惯，大部分人选择外出度假，为减少奥运赛时城市内交通出行压力作了很大贡献。对于 2008 年北京奥运会及残奥会，既要充分借鉴往届奥运会的交通需求管理经验，也要根据北京市的实际和特点，制订相应的交通需求管理政策，以确保奥运赛事交通和城市社会交通的和谐运转。

2.3 北京大型活动交通需求管理经验

2.3.1 中非论坛北京峰会

2006 年 11 月 1 日 ~ 6 日，中非合作论坛北京峰会在京召开。37 个非洲国家元首和 6 个非洲国家政府首脑、非洲委员会负责人、联合国非洲事务负责人，以及与会各国代表和记者 3500 余人齐聚北京。为了保障论坛期间正常的交通运行和良好的交通秩序，北京市综合采取了错时上下班、限制公车出行、加大公共交通保障力度、道路限行等交通需求管理措施，引导市民减少出行或者采用公共交通方式出行，有效保障了交通的畅通。

2.3.1.1　交通需求管理措施

（1）限制公车出行。中非合作论坛北京峰会期间，通过合理调整安排，适当削减交通流量，驻京中央国家机关、部队、企事业单位按照 50% 的比例，北京市属各机关、单位以及外省市驻京机构按照 80% 的比例封存使用的公务车，封存车辆不得上路行驶。远郊区县进入五环路以内的车辆总量削减达到 80%。峰会期间，公安交管部门利用综合信息网核查封存车辆是否出行，检查结果在全市通报。

（2）"绿色出行、奔向奥运、'少开一天车'在行动"大型公益活动。该活动号召广大市民在中非合作论坛北京峰会举办期间（2006 年 11 月 2 日 ~ 11 月 5 日）尽量选择绿色出行方式，倡导全市市民在 11 月 2 日和 3 日不开车，在 4 日和 5 日尽量少开车。根据环保部门的统计，总计 41 万有车市民签名参与了该项活动。

（3）减少大型商业活动。旅游部门、商业部门和文化部门，包括各大公园、商场在北京峰会期间不得组织促销、大型演出等活动，以减少人流和车流。

（4）错峰上下班。在北京峰会期间，全市各单位可根据实际情况错时上下班，机关事业单位工作时间调整为 8:00 ~ 16:00。11 月 2 日、3 日 8:00 ~ 16:00 和 11 月 6 日 9:00 ~ 16:00 为勤务高峰时段。

（5）学校提前放学。11 月 2 日、3 日，市教育主管部门统一协调课时，中小学提前放学，以避开中非论坛峰会交通勤务高峰时段。

（6）扩大道路货运禁行范围。中非论坛北京峰会期间，每天 6:00 ~ 23:00，四环路（含）以内道路禁止本市货运车辆通行，全市道路禁止运送汽油、柴油、液化石油气的车辆通行，其他危险化学品运输车辆昼夜禁止通行（均含持有通行证车辆）。

（7）空驶出租汽车禁行范围。空驶出租汽车禁止在长安街（国贸桥至新兴桥），东二环路（东直门至东便门桥）主路、三里河路（木樨地至甘家口）、天安门广场东和西侧路、人民大会堂西侧路通行。

（8）部分道路实行交通管制。北京峰会期间，长安街、东西二环路、机场高速路等道路是各国贵宾行驶的主要路线和勤务高峰时段，公安交管部门建议社会车辆注意绕行这些重点路段，遇有外宾车队通行时，应服从民警指挥，主动避让，以确保安全。尤其是机场高速路作为主要勤务路线，交通管制会比较频繁，社会车辆需要绕行机场北线。为方便群众往返，市政府决定自 11 月 1 日 ~ 6 日期间临时取消机场北线高速路收费。

（9）号召减少私家车使用。北京市政府号召广大市民尽量减少小汽车出行，提倡乘坐公交车或骑自行车上下班或外出。

（10）信息服务。通过多种渠道，进行交通信息的发布和预告，进行广泛的沟通宣传。

2.3.1.2　交通管理措施对居民出行影响分析

中非论坛北京峰会期间，为掌握交通需求管理措施对居民出行的影响和实施效果，开展了实际调查。在北京市城八区选择了医院、商场、学校、公园等 23 个具有代表性的地点进行了问卷调查，共回收问卷 11839 份，其中 6930 份问卷的被访者是驾车人，4909 份问卷的被访者是行人。

（1）市民出行习惯的变化。

调查发现，只有 3.3% 的行人和 1.8% 的驾车人在中非论坛期间没有改变他们的日常出行习惯，96.7% 的行人和 98.2% 的驾车人的交通出行习惯都发生了变化，见图 2-5。

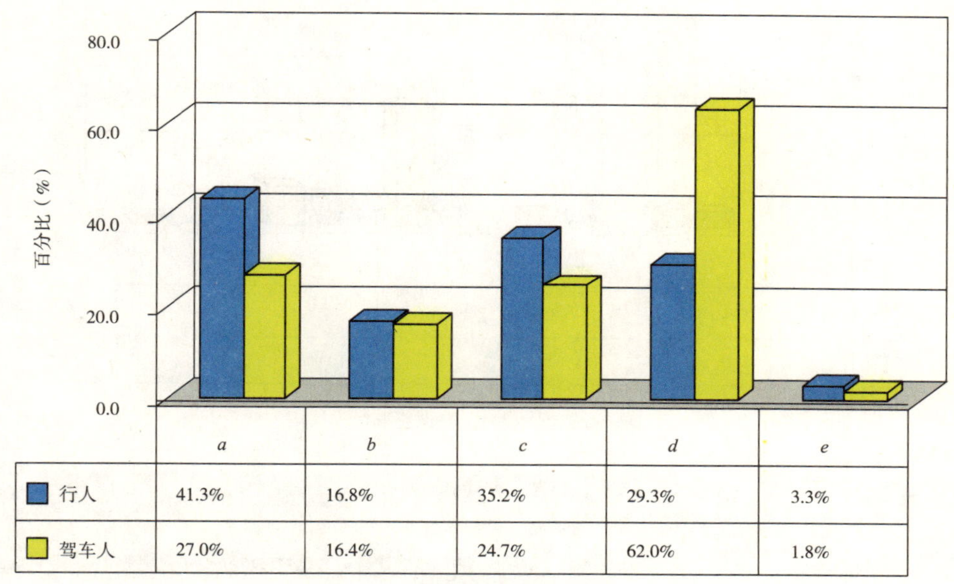

	a	*b*	*c*	*d*	*e*
行人	41.3%	16.8%	35.2%	29.3%	3.3%
驾车人	27.0%	16.4%	24.7%	62.0%	1.8%

图2-5　市民出行习惯的变化

说明

a	尽量少出门
b	调整上下班时间
c	比平时多坐公交、打车或骑自行车
d	避开限行道路
e	没有改变或其他

对行人而言，出行习惯变化最大的是尽量少出门，其次是比平时多坐公交、打车或者骑自行车，避开限行道路，变化最小的是调整上下班时间。

对驾车人而言，出行习惯变化最大的是避开限行道路，其次是比平时多坐公交、打车或者骑自行车，变化最小的是调整上下班时间。

（2）出行交通工具的变化。

通过对交通工具的调查发现，大部分人没有改变出行的交通工具。对行人而言，61.7% 的人没有改变交通工具；对于驾车人而言，55.4% 的人没有改变驾车出行方式。但是也有 31.4% 的驾车人选择了不开车改骑自行车或者乘坐公共交通工具，如图 2-6 所示。

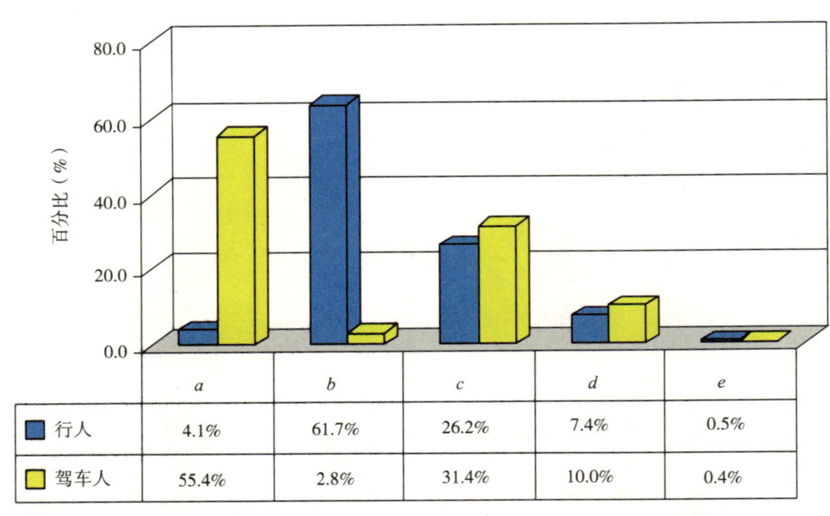

	a	*b*	*c*	*d*	*e*
行人	4.1%	61.7%	26.2%	7.4%	0.5%
驾车人	55.4%	2.8%	31.4%	10.0%	0.4%

图2-6　市民出行工具调整统计图

说明

a	没调整，照样开车
b	没调整，照样不开车
c	响应号召，不开车改骑自行车或乘公交
d	担心堵车，不开车改骑自行车或乘公交
e	没有回答或者其他

调查发现，措施的实施对于不同行业的驾驶人群的影响程度不同。对措施的响应程度，由强到弱依次为：公务员、学生、教师、军人 / 警察、离退休人员、公司职员、医护人员、工人、科研人员、服务人员、其他、个体业主、专职驾驶员、无业者、出租汽车驾驶员和农民。

分析结果表明，公务员、学生、教师和军人 / 警察对措施的响应程度最高，50%

以上的被访者都改变了出行的交通工具，由小汽车转换为公共交通或者自行车，如图 2-7 所示。

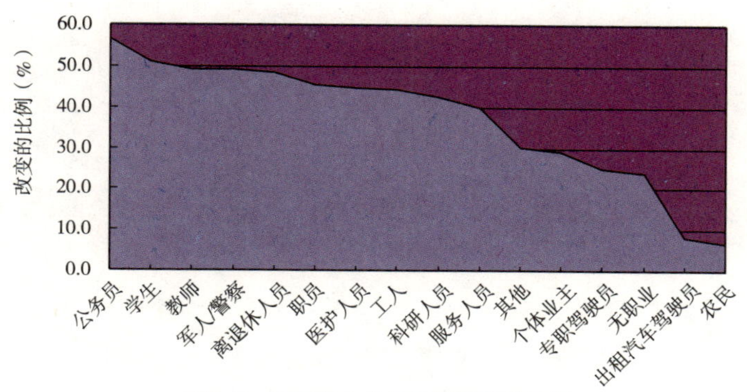

图2-7　不同行业出行工具调整统计图

2.3.1.3　交通管理措施对交通运行状况影响分析

（1）道路交通运行状况。

交通需求管理措施的实施，使路网负荷度明显下降，快速路和主干路流量平均下降了 10%，行驶速度平均提高了 18%。

① 路网流量。图 2-8 将西二环路中非论坛北京峰会期间(2006 年 11 月 1 ~ 7 日，1 日为周三）的流量与峰会前一周（10 月 21 ~ 27 日，27 日为周三）的流量进行了对比，从图中可以看出，峰会期间西二环路的交通流量较前一周有不同程度的下降，流量平均下降了 7.9%。

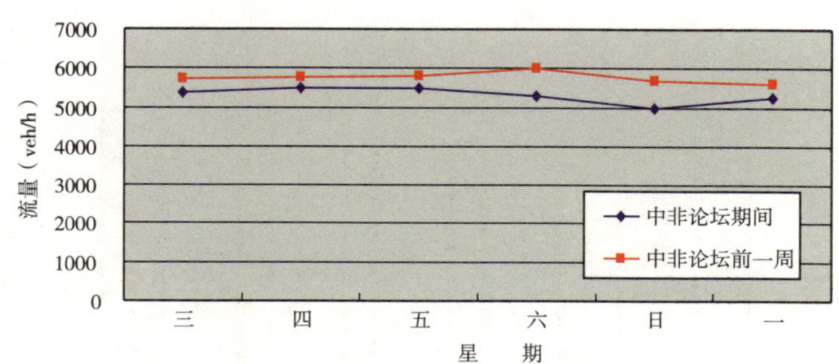

图2-8　中非论坛期间与前一周西二环路日均流量变化对比图

② 路网运行速度。图 2-9 将西二环路中非论坛北京峰会期间（11 月 1 ~ 7 日，1 日为周三）的速度与峰会前一周（10 月 21 ~ 27 日，27 日为周三）的速度进行了对比，从图中可以看出，峰会期间西二环路的行车速度较前一周有不同程度的提高，平均提高了 14.5%。

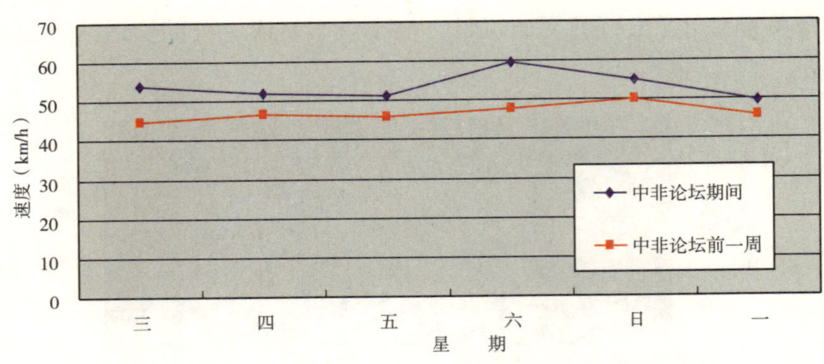

图2-9　中非论坛期间与前一周日均速度变化对比图

图 2-10 所示为将北京所有快速路的微波检测器数据进行了汇总分析，由图可见，与中非论坛北京峰会前相比，快速路运行速度平均提高了 7.3%。

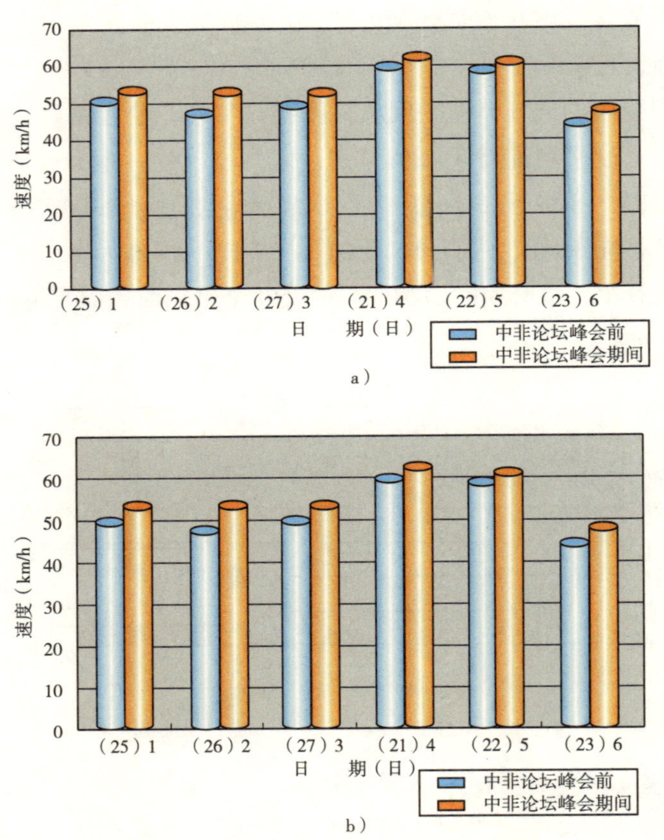

图2-10　快速路运行速度对比图

a）中非论坛京峰会前与峰会期间快速路速度变化情况；b）中非论坛前与论坛期间快速路速度变化情况

调查发现，大部分人认为中非论坛北京峰会期间的交通运行状态比平时好。将近 45% 的市民认为北京峰会期间交通运行状况良好，路比平时好走，能够节省时间在 30min 以内；更有 26.1% 的驾驶员和 15.6% 的行人，认为峰会期间能够节省路上时间在 30min 以上。这说明北京峰会期间的交通需求管理措施起到了很好的作用。只有 7% ~ 7.8% 的人认为峰会期间的交通运行状态不如平时好，路上需要更多的时间，这可能与其所处的区域和出行的时段有关，如图 2-11 所示。

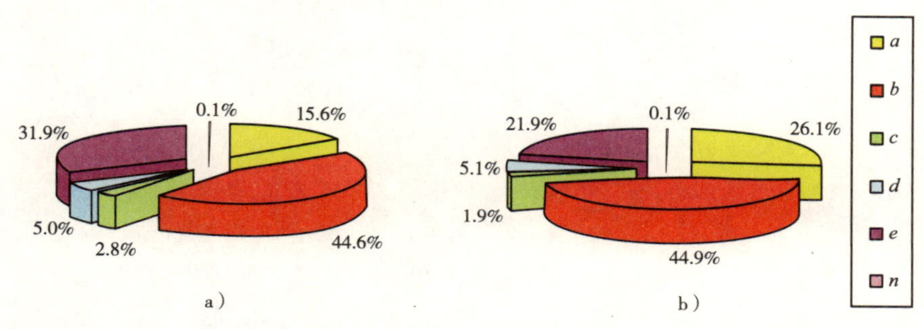

图2-11　市民对道路交通运行状况的评价

a）行人；b）驾驶员

说明

a	路上节省时间在30min以上
b	路上节省时间在30min以内
c	路上多花时间在30min以上
d	路上多花时间在30min以内
e	差不多，没有变化
n	没有回答

（2）公共交通运行状况

调查发现，公共电汽车的运行速度在北京峰会期间有明显的提高。59.5% 的行人和 40.5% 的驾驶员都感觉公共电汽车的运行速度提高了，只有 6.1% 的行人和 3% 的驾驶员认为运行速度在北京峰会期间有所降低，还有一部分人认为运行速度没有发生变化，如图 2-12 所示。

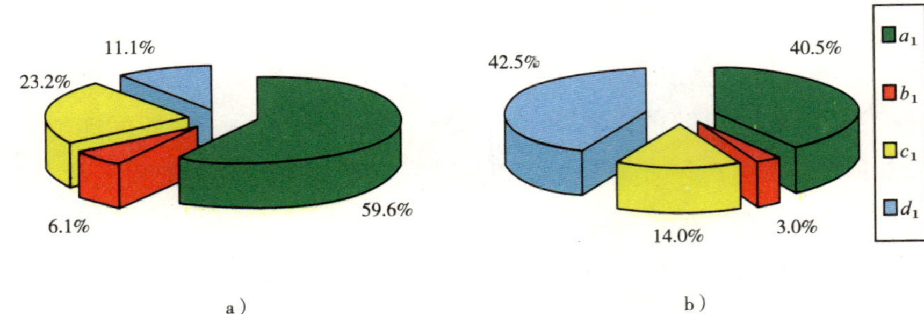

图2-12　市民对公交车运行状况的评价

a）行人；b）驾驶员

说明

a_1	比平时快
b_1	比平时慢
c_1	差不多
d_1	说不清

① 公共电汽车。中非论坛北京峰会期间，公共电汽车增加了配车数量，配车数量与平日相比增加了10%；正点率在75%～79%，比平日增加了6%～8%。由于公交采取措施提高了客运能力，另一方面也由于小汽车的使用受到了部分限制，使得峰会期间，一部分原来使用小汽车出行的人采用了公共交通这一方式，根据问卷调查，大多数的人由使用私家车转向了公共电汽车。这样就导致公交的客运量有所增加，工作日期间，每日客运量增加了30万～59万人次，同比增长3%～5.83%，如表2-13和图2-13所示。

表2-13　公交客运量对比

日　期	11月1日	11月2日	11月3日	11月4日	11月5日
平日客运量（万人次）	1012.20	1012.17	1012.19	1012.18	1012.23
论坛期间客运量（万人次）	1043.07	1041.93	1071.2	1014	906.35
同比增长（%）	3.05	2.94	5.83	0.18	−10.46

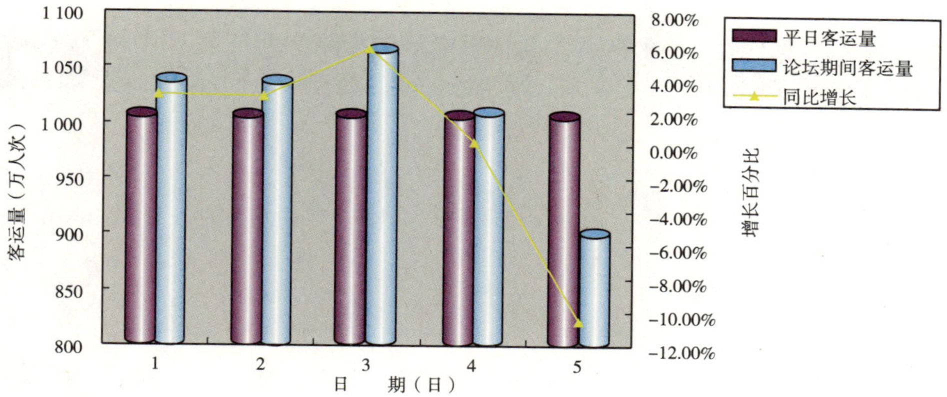

图2-13　公交客运量对比图

分析增长的客运量的票制方式，月票卡客运量增加不多，普卡和售票量的增加量和增加的百分比相对较高，这也说明，由于一些措施的作用，使得一些原来不坐公交或者很少坐公交的人，在北京峰会期间采用了公交方式，从而使公交车客运量有所增加。而使用月票卡的人，基本都是原本就采用公交车通勤的人，因此这部分的增加量不多，如图 2-14 所示。

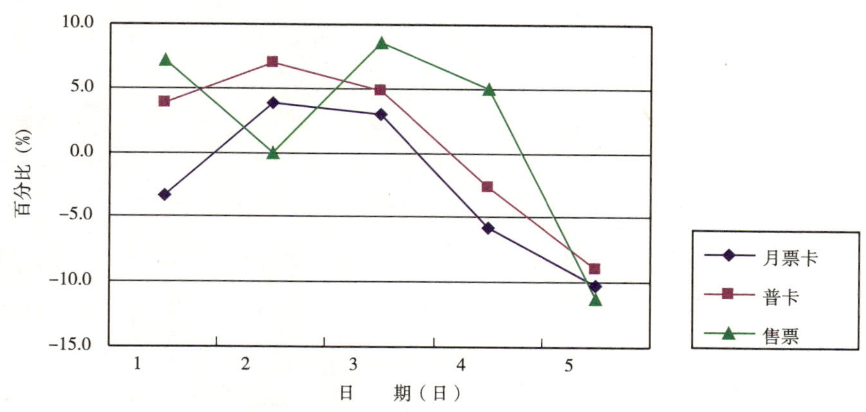

图2-14　不同票制的公交客运量对比图

② 地铁。中非论坛北京峰会期间，配合小汽车限行等措施，地铁列车平均每日开行列车 1637 列，比平日增加 289 列，增幅为 21.4%，地铁客运量有明显的增加，特别是在 11 月 3 日，地铁客运量增加了 51.64 万人次，增幅达到 28.3%，如表 2-14 和图 2-15 所示。

表2-14　地铁客运量对比

日　期	11月1日	11月2日	11月3日	11月4日	11月5日
平日客运量（万人次）	186.00	184.46	182.46	200.91	185.74
论坛期间客运量（万人次）	215.20	211.95	234.10	210.47	197.53
同比增长（%）	15.70	14.90	28.30	4.76	6.35

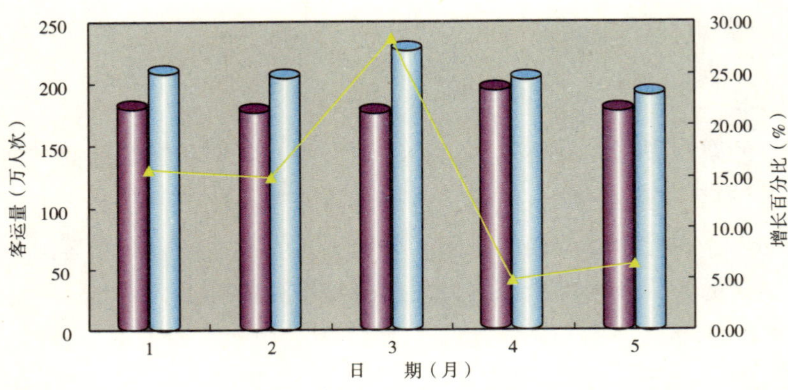

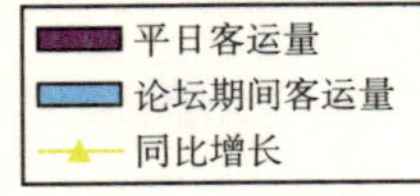

图2-15　地铁客运量对比图

分析不同票制的客运量，可以发现，增幅最大的是车站现场售票方式的客运量。由于中非论坛北京峰会期间短时间采取了限制小汽车的交通需求管理措施，使得很大一部分原来驾驶小汽车出行的人，改坐地铁或者公共电汽车等公共交通工具出行。以 11 月 3 日为例，车站现场售票方式的客运量同比增加了 51.67 万人次，增幅达到 46.64%。同时，使用地铁月票卡和公共交通普通卡的客运量没有较大变化，基本在日常客运量水平上下浮动，特别是工作日的 11 月 1 日 ~ 3 日，客运量基本没有发生变化。一般情况下，使用月票卡的乘客基本都是每天乘坐地铁通勤的人，使用公交一卡通普通卡的人大部分也是采用地铁作为主要通勤交通工具的人，因此采取短期内限制小汽车的措施，对这部分客运量基本不会产生影响。原来驾驶小汽车出行的人，可能在短期内放弃小汽车，采用公共交通方式，但由于只是短期行为，因此大部分人不会为了几天的出行去买公交卡，所以导致在售票窗口直接买票的乘客增加显著。这也说明了交通需求管理措施的效果，如图 2-16 所示。

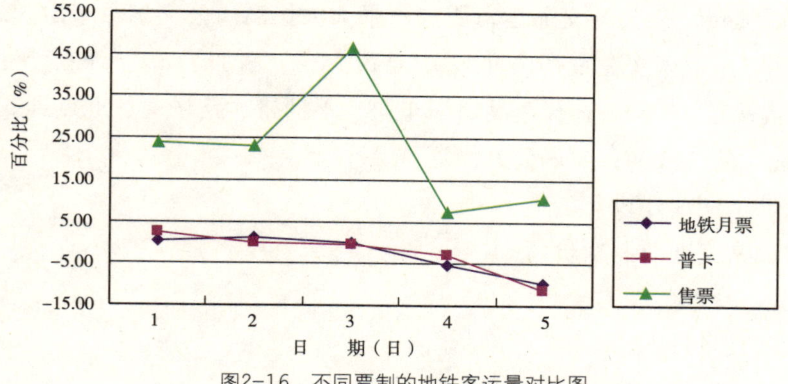

图2-16 不同票制的地铁客运量对比图

2.3.1.4 启示

（1）减少小汽车出行量是缓解市区交通拥堵的关键。

中非论坛北京峰会期间由政府带头、市民响应，每日削减了近 90 万辆机动车的出行，路网负荷度明显下降，快速路和主干道流量平均下降了 10%，道路车速平均提高了 18%，保障了密集的特勤服务和社会交通。

借鉴：提高小汽车的使用成本，引导其合理使用。

① 鼓励公交出行和开行单位班车。

② 提高城市中心区停车收费价格。

③ 加强占道停车等秩序管理，还便道于民。

④ 加快建设小汽车驻车换乘系统，并实行低价位或免费政策。

⑤ 制订减少小汽车使用的鼓励政策。

（2）错时上下班和调整商业服务时间等削峰填谷交通需求管理措施尚有空间。

中非论坛北京峰会期间市政府机关、事业单位上下班时间调整为 8:00 ~ 16:00，中小学校学生提前到 15:00 放学，公交、地铁交通流量都出现了削峰填谷的态势，高峰通勤交通的集中程度明显降低。如果将大型商场营业时间调整为 10:00 ~ 22:00，同时对商场促销等活动进行有效管理，预计也会有较好的交通削峰效果。

借鉴：实施削峰填谷交通需求管理措施。

① 错时上下班。

② 调整商场营业时间。

③ 对大型活动和商场促销等加强管理。

（3）可靠的公共交通服务是城市正常运行和特殊交通管制措施实施的保障。

中非论坛北京峰会期间，公交及地铁增加运力、延长服务时间、缩短发车间

隔，加之削减流量，使公共交通运营服务水平大大提高。公交满载率由 82% 降低到 75%，降低了 7%；车次兑现率由 92% 增加到 98%，增加了 6%；准点率由 70% 增加到 77%，提高了 7%。乘客普遍反映来车快、不拥挤、路畅通、准点到。

借鉴：优化公交线网，发展公共交通。

① 加快轨道交通建设。

② 调整公共交通票制票价。

③ 优化公交线网。

④ 完善公交场站。

⑤ 加大公交路权优先力度。

⑥ 加强公共交通行业运营服务监管。

（4）充分调动和发挥广大市民在城市管理中的主体作用。

中非论坛北京峰会期间，通过各种媒体广泛宣传峰会期间的交通管理措施，及时通报道路交通管制措施，让市民随时了解各种交通管理措施动态，从而将对市民出行的影响降至最低。各部门的管理指挥调度协调联动，信息传输有序及时，既保障了勤务，也有效地保证了社会交通服务，尤其优先保证了公交的正常运行。市民的理解和支持使交通管理措施达到了预期的效果。

借鉴：创新交通管理，改善信息服务。

① 建立交通预报制度。

② 加快建设智能交通系统，整合与共享交通信息，全方位地提供实时交通信息服务。

③ 加强与市民的信息沟通，树立现代交通理念。

④ 鼓励绿色出行，动员市民广泛参与。

2.3.2 “好运北京”综合测试赛

为实现北京奥运承诺，保证 2008 年奥运会期间环境质量达标、满足社会交通需求，在“好运北京”综合测试赛期间的 2007 年 8 月 17 日 ~ 20 日，北京市对行政区域内道路采取了临时交通需求管理措施，实行机动车按单双号行驶，并对空气质量和交通运行进行测试。

2.3.2.1 具体措施

（1）全市机动车按照车牌尾号，分单双号停驶。

（2）市属机关事业单位实行错时上下班：上班时间调整为 8:00，下班时间调整为 16:00。

（3）调整大型活动时间：除国际性大型活动外，原则上在 8 月 17 日 ~ 20 日期间停止大型活动，如大型商业促销活动等。

（4）调整渣土运输时间：除为奥运工程运输渣土的车辆外，在 8 月 17 日 ~ 20 日期间其他渣土运输一律停止。

2.3.2.2　配套保障措施

（1）地面公交：公交企业通过内部挖潜，投入全部机动运力。每天增加 700 ~ 800 部运营车辆，同时由于社会机动车停驶，公共电汽车运行速度提高了 15%，车次增加 10% 以上，增加运能 140 万 ~ 180 万人次 / 日。

（2）轨道交通：按照早高峰提前 30min，晚高峰延迟 30min 安排高峰运力，同时配备多组预备车，根据客流变化适时加开临客，增加运能 20 万 ~ 30 万人次 / 日。

（3）出租汽车：由于社会机动车停驶，主要道路车速提高，6.6 万辆出租汽车增加运能 40 万 ~ 50 万人次 / 日。

2.3.2.3　主要效果

（1）停驶车辆。

综合测试赛期间，机动车总量达到 305 万辆，除城市保障用车外，单号日停驶车辆 131 万辆，双号日停驶车辆 136 万辆。

综合测试赛期间，由于采取了多种措施，外地进京车辆为 1.85 万辆 / 天，同比减少了 63%。

工作日早高峰（7:00 ~ 9:00）机动车流量比测试赛前一周同期流量下降 15% 左右，其中小汽车流量下降了 27%；周末早高峰（7:00 ~ 9:00）机动车流量比测试赛前一周同期流量下降了 22% 左右，其中小汽车流量下降了 33%。

工作日早高峰路网整体运行速度为 28.25km/h，比测试赛前一周同期速度提高了 25.3%；周末早高峰路网整体运行速度为 35.95km/h，基本与测试赛前一周同期运行速度持平。

综合测试赛期间，地面公交、地铁和出租车的客运总量达到 7386.02 万人次，日均运送乘客 1846.51 万人次，比前一周日均客运量净增 248 万人次，提高了 15.5%。

（2）路网运行。

① 早、晚高峰路网运行速度。

工作日早高峰（2007 年 8 月 17 日和 20 日）路网速度为 28.2km/h，比前一周同期（2007 年 8 月 10 日和 13 日）提高了 25.3%，比测试赛前一个月同期（2007 年 7 月 6 日和 9 日）提高了 40%。

工作日晚高峰（2007 年 8 月 17 日和 20 日）路网速度为 24.9km/h，比前一周同期（2007 年 8 月 10 日和 13 日）提高了 33.2%，比测试赛前一个月同期（2007 年 7 月 6 日和 9 日）提高了 27.1%。

② 早高峰分道路等级运行速度（图 2-17）。

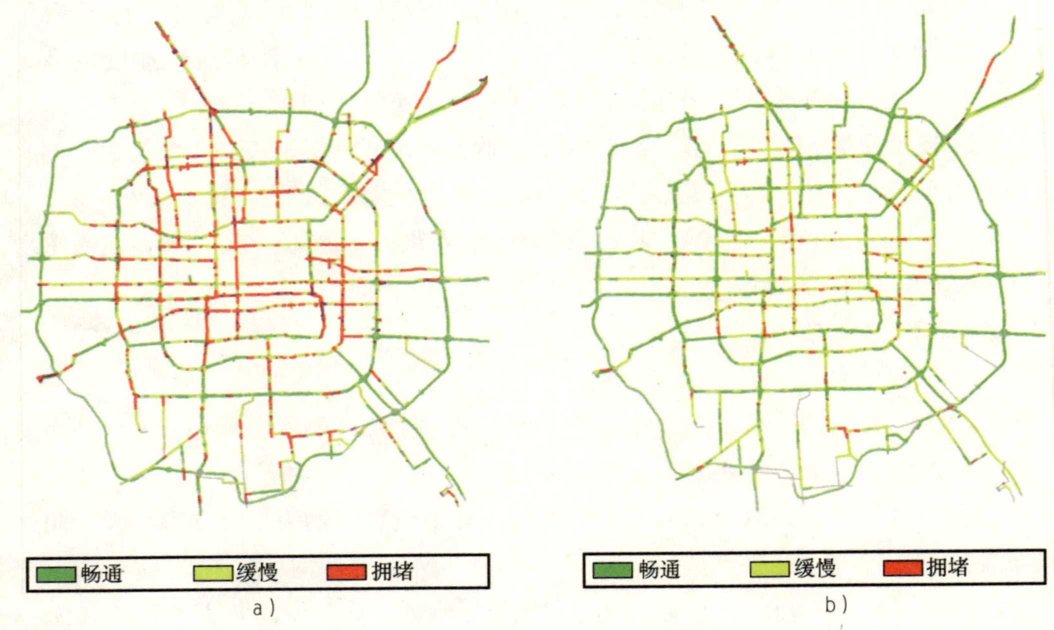

图2-17 早高峰路网运行速度对比图

a）“好运北京”测试赛前；b）“好运北京”测试赛期间

快速路（2007 年 8 月 17 日和 20 日）运行速度为 43km/h，比测试赛前一周（2007 年 8 月 10 日和 13 日）提高了 25.5%，比测试赛前一个月（2007 年 7 月 6 日和 9 日）提高了 39.2%。

主干道（2007 年 8 月 17 日和 20 日）运行速度为 26km/h，比测试赛前一周（2007 年 8 月 10 日和 13 日）提高了 20.6%，比测试赛前一个月（2007 年 7 月 6 日和 9 日）提高了 31.8%。

次干路及支路（2007 年 8 月 17 日和 20 日）运行速度为 23.4km/h，比测试赛前一周（2007 年 8 月 10 日和 13 日）提高了 31.5%，比测试赛前一个月（2007 年 7 月 6 日和 9 日）提高了 52.6%。

③ 核查线流量。

选取东西、南北两条核查线上的重要节点进行 4h 和 24h 的观测。观察的时间段以及地点在交通需求管理政策实施的前后两周是相互对应的。在政策实施的前一周选取的是 2007 年 8 月 10 日、11 日、12 日和 13 日，与之相对应的是单双号限行政策实施的 8 月 17 日、18 日、19 日和 20 日。具体调查点的位置如图 2-18 所示的南北核查线（蓝色）和东西核查线（红色）。

东西核查线与南北核查线相交于文津街和北长街的相交处。本次核查线调查分前后两个时间段,然后进行对比。两个时间段的日期是一一对应的,在每个时间段里，又分为前后两个调查阶段。核查线调查内容主要包括交通流量和公交承载率两大部分，其中交通流量包括小客车、出租车、公交车、大货车、小货车、大客车和摩托车等部分；公交承载率包括车型定员、客流量和车流量。

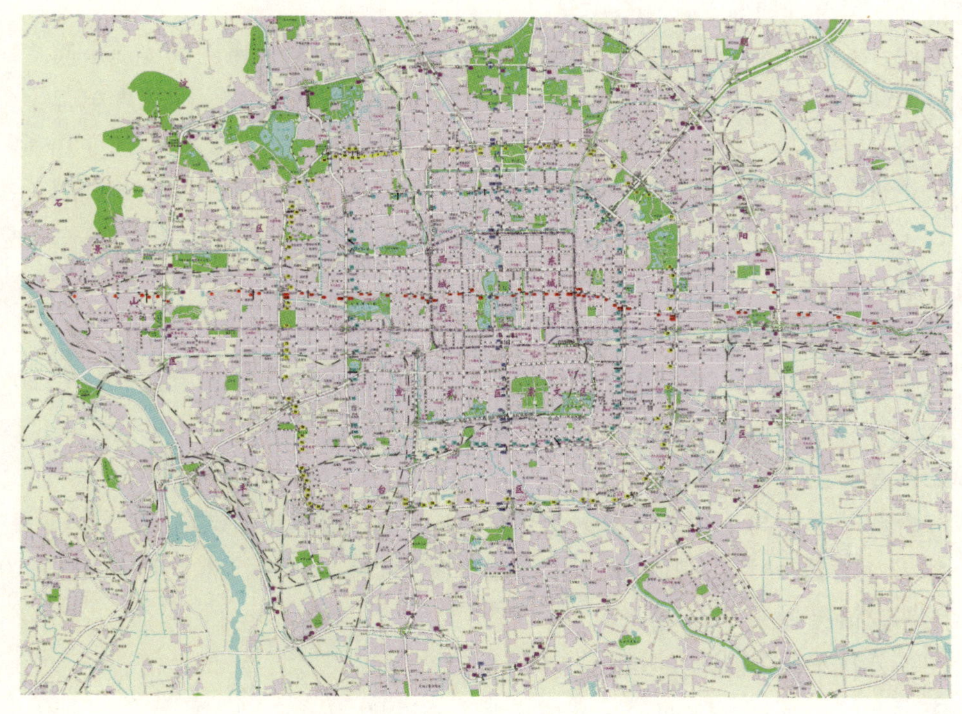

图2-18　东西、南北核查线示意图

④ 早高峰（7:00 ~ 9:00）流量变化（五环路内共 95 个调查点）。

综合测试赛期间（2007 年 8 月 17 ~ 20 日）日均机动车总量，比测试赛前一周

（2007年8月10～13日）下降16.3%，其中小汽车流量下降27.7%，出租汽车、公交流量分别上升40.2%和13.7%。

工作日（2007年8月17日和20日）日均机动车总量，比测试赛前一周（2007年8月10日和13日）下降16.6%，其中小汽车流量下降28.4%，出租汽车、公交流量分别上升49.2%和16.7%。

休息日（2007年8月18日和19日）日均机动车总量，比测试赛前一周（2007年8月11日和12日）下降15.8%，其中小汽车流量下降26.5%，出租汽车、公交流量分别上升28.9%和10.9%。

⑤ 早高峰4h（6:00～10:00）流量变化（五环路内共95个调查点）。

综合测试赛期间（2007年8月17～20日）日均机动车总量，比测试赛前一周（2007年8月10～13日）下降16.7%，其中小汽车流量下降27.8%，出租汽车、公交流量分别上升36.1%和13.1%。

工作日（2007年8月17日和20日）日均机动车总量，比测试赛前一周（2007年8月10日和13日）下降17.4%，其中小汽车流量下降29%，出租汽车、公交流量分别上升43%和13.8%。

休息日（2007年8月18日和19日）日均机动车总量，比测试赛前一周（2007年8月11日和12日）下降15.7%，其中小汽车流量下降26.2%，出租汽车、公交流量分别上升27.9%和12.4%。

⑥ 典型断面24h流量变化。

综合测试赛期间（2007年8月17日）机动车总量，比测试赛前一周（2007年8月10日）下降12.5%，其中小汽车流量下降23.3%，出租汽车上升26.3%（12个断面的调查情况）。

综合测试赛期间（2007年8月20日）机动车总量，比测试赛前一周（2007年8月13日）下降13.1%，其中小汽车流量下降25.5%，出租汽车上升41.1%（10个断面的调查情况）。

（3）公共交通运输服务分析。

综合测试赛期间，地面公交共运送乘客5359.6万人次，工作日日均运送1342万人次，比测试赛前一周同期增长了11.4%；休息日日均运送乘客1338万人次，比测试赛前一周同期增长了19.8%。通过对比发现，休息日客流净增量和增长比例均高于工作日，与同期相比，小汽车限行后人们更倾向于在周末选择公共交通出行，见表2-15。

表2-15　地面公交客运量

指标时间		运力投放（辆）	车次（车次/日）	车次兑现率（%）	满载率（%）	车辆运行速度（km/h）	客运量（万人次）	日增客运量（万人次）	日增客运量比例（%）
测试赛期间	工作日	18713	165063	98		20	1342	137	11.4
	休息日	18710	164871	98		21	1338	221	19.8
赛前一周	工作日	17923	143352	89	56	16	1205		
	休息日	17404	143349	92	50	17	1117		

普票、公交卡和月票卡客流情况如表 2–16 所示，普票和公交卡的客流量都有不同程度的增加。

表2-16　地面公交不同票种客运量（万人次）

工作日	客运量	公交卡	普票
赛时	1341.8	1086.8	255
赛前	1204.68	958.87	245.81
增加比例（%）	11.4	13.3	3.7
休息日	**客运量**	**公交卡**	**普票**
赛时	1338	1003.985	334.015
赛前	1116.685	867.33	249.355
增加比例（%）	19.8	15.8	34.0

由表可见，休息日普票的增加比例明显高于公交卡。休息日的大部分出行为非通勤出行，考虑对时间的要求性不高，部分平时不乘坐公共交通的小汽车使用者，在综合测试赛期间由于机动车出行受到限制，临时选择公交车，并选择买票的形式乘坐，如图 2–19 所示。

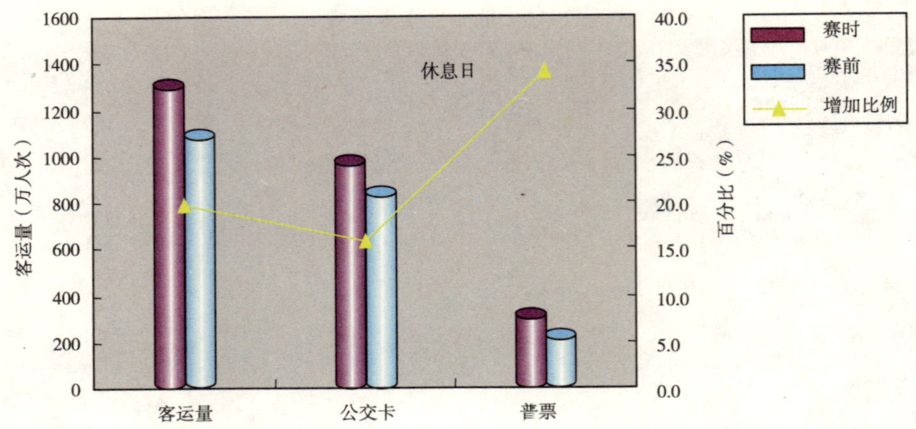

图2-19　休息日地面公交客运量增加对比图

工作日公交卡的增加比例和休息日持平，但是普票的增加比例明显低于休息日。对于没有公交卡的这部分公交乘客，有一部分是小汽车停驶后转来乘坐公共交通的，由于工作日大部分是通勤出行，基于时间和舒适性的考虑，习惯于使用小汽车出行的人较少转移到公交车，如图 2-20 所示。

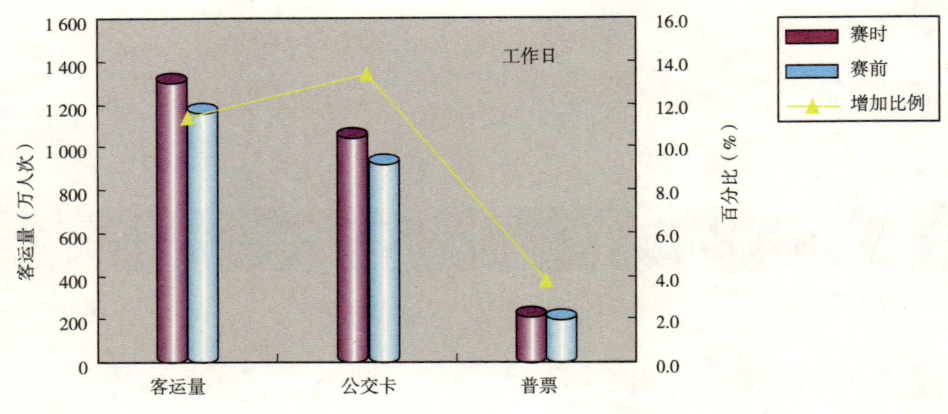

图2-20　工作日地面公交客运量增加对比图

（4）市民评价。

通过对市民进行街访问卷调查，市民对地面公交普遍反映良好，公交运行速度快，等车时间明显缩短。约 70% 的市民感觉综合测试赛期间公交运行速度比平时快，只有 3.4% 的市民感觉公交车运行速度没有平时快，见表 2-17。

表2-17　公交运行速度评价

选　项	数量（人）	比　例（%）
比平时快10～20min	2656	60.7
比平时快20min以上	400	9.1
比平时慢	149	3.4
差不多	1174	26.8
合　计	4379	100

由于综合测试赛期间，政府采取措施，鼓励和号召市民尽量采用公共交通出行方式，公交乘客客运量日均增加了 179 万人次，虽然同时公交也加大了运力，但是 41% 的乘客还是认为测试赛期间，公交车内拥挤程度有所增加，仅有 21% 的乘客感觉拥挤程度下降了。这说明，公交提高运力只是一方面，要想吸引更多的人来乘坐公交车，公交服务的舒适性还有待提高。公交车站台秩序整体而言变化不大，见表 2–18 和表 2–19。

表2-18　公交车站内拥挤评价

选项	数量（人）	比　例（%）
比平时拥挤	1797	41.2
没平时拥挤	956	21.9
差不多	1611	36.9
合　计	4364	100

表2-19　公交站台秩序评价

选项	数量（人）	比　例（%）
比平时好	1182	27.5
没平时好	514	11.9
差不多	2606	60.6
合　计	4302	100

公交等车时间有明显的缩短，由 8.2min 缩短到 6.8min，这和公交车增加运力，缩短发车间隔有密切的关系。

通过对地铁 8 月份客运量数据的分析可知，综合测试赛期间地铁客运量有所增加。非测试赛同比日均客运总量为 162.8 万人次，测试赛同期日均为 172.6 万人次，同比增加了约 10 万人次的客运量，见表 2–20。

表2-20 地铁客运量对比

项目 / 线路	赛前一周		综合测试赛期间		对比			
					工作日		休息日	
	工作日（人次）	休息日（人次）	工作日（人次）	休息日（人次）	增加客运量（人次）	增加比例（%）	增加客运量（人次）	增加比例（%）
1号线	745564	581764	761142	640708	15578	2.09	58944	10.13
2号线	740143	544635	749090	600143	8947	1.21	55507	10.19
13号线	268751	178727	283929	202951	15178	5.65	24224	13.55
八通线	110670	85017	116293	97237	5623	5.08	12220	14.37
合计	1865128	1390143	1910454	1541039	45326	2.43	150895	10.85

但是，通过分析工作日与休息日的区别，综合测试赛期间工作日客运量同比只增加了 4.5 万人次，增加比例为 2.43%。相比而言，休息日的增幅比较大，客运量同比增加了 15.1 万人次，增加比例为 10.85%。

在休息日，有更多的人愿意选择地铁作为出行工具。而工作日的出行，以通勤出行为主，人们一般不轻易改变已有的出行方式和习惯。不同票种的地铁客运情况如表 2–21、表 2–22 和图 2–21、图 2–22 所示。

表2–21　不同票种的地铁客运量对比（人次）

时间	售票量	IC卡	月票	换乘量
同比工作日	513896	673050	231355	446828
赛时工作日	531766	689477	229868	459344
同比休息日	485822	453700	94848	355774
赛时休息日	536940	509664	101772	392663

表2–22　地铁不同票种客运量增加比例（%）

时间	售票量	IC卡	月票	换乘量
工作日	3.48	2.44	–0.64	2.80
休息日	10.52	12.34	7.30	10.37

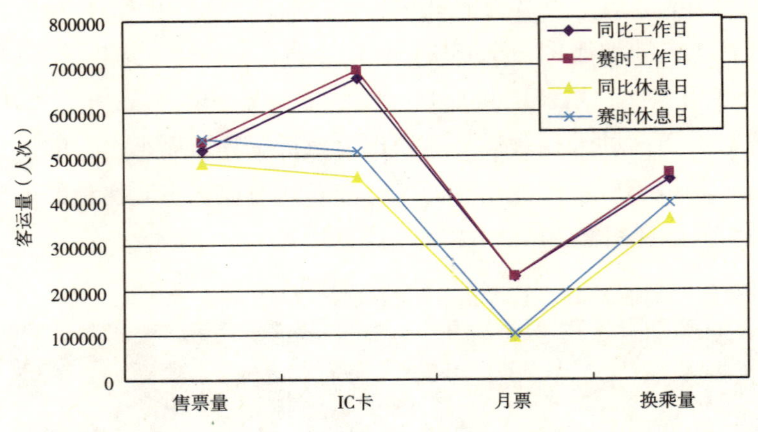

图2-21　不同票种的地铁客运量对比图

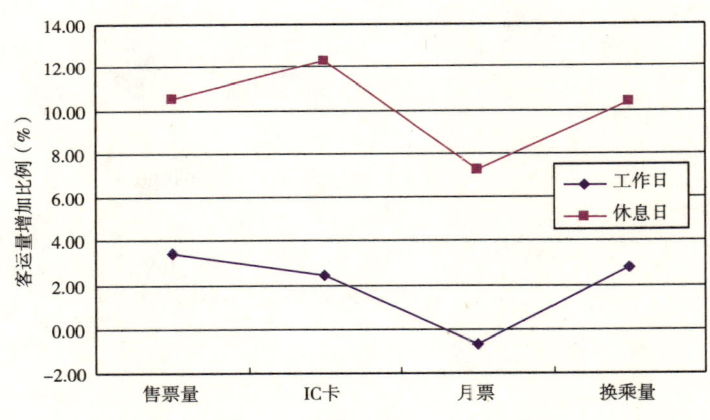

图2-22　地铁不同票种客运量增加比例对比图

由于综合测试赛期间地铁的客运量同比是增加的，因此不同方式的刷卡量和买票量也基本是增加的趋势，只有工作日的月票量稍有下降，但是下降比例很低，只有 0.64%。休息日各票种的增加比例均高于工作日。

不同票种的相对增加趋势在工作日和休息日是相同的。增加比例最大的是售票量，其次是普通卡刷卡量，最后是月票。由于月票持有者人数较少，是相对比较固定的使用地铁作为日常交通方式的人群，因此他们受综合测试赛影响的变化最小。对于平时不采用公共交通方式的开车一族，当车辆受到短时间的限制时，选择乘坐地铁，常用的购票方式就是买票，因此售票量的增加比例是最高的。

总体而言，综合测试赛期间地铁拥挤程度有所增加，等车时间略有缩短。由于地铁客运量的增加，导致车内拥挤程度增加，53% 的乘客都感觉到车厢内拥挤程度增加。乘客数量的增加也导致了站台秩序的拥挤，37% 的乘客感觉站台拥挤程度增加，见表 2–23 和表 2–24。

表2–23 地铁车内拥挤评价

选项	数量（人）	比例（%）
比平时拥挤	1817	52.59
没平时拥挤	847	24.52
差不多	791	22.89
合　计	3455	100

表2–24 地铁站台秩序评价

选项	数量（人）	比例（%）
比平时拥挤	1252	36.7
没平时拥挤	524	15.4
差不多	1634	47.9
合　计	3410	100

综合测试赛期间，由于地铁延长了高峰运营时间，缩短了发车间隔，因此乘客等车时间缩短了 8.5%，平均等车时间由 4.6min 缩短到 4.2min。

2.3.2.4　启示

“好运北京”综合测试委环境交通保障测试顺利完成，达到了预期效果，不仅为 2008 年北京奥运会的环境和交通应急保障积累了宝贵经验，同时也为今后解决交通、环境这两个关乎城市发展和群众切身利益的问题拓展了思路，提供了依据。

（1）减少出行的小汽车数量，引导小汽车的合理使用，从而削减小汽车出行量是缓解市区交通拥堵的关键。测试赛期间，由政府带头、市民响应，削减了 130 余万辆机动车的出行，路网负荷度明显下降，保障了密集的特勤服务和社会交通。

（2）实施错时上下班、调整商业服务时间等削峰填谷交通需求管理措施。北京峰会期间，市政府机关、事业单位上下班时间调整为 8:00 ~ 16:00，学生提前至 15:00 放学，公交、地铁、交通流量都出现了削峰填谷的态势，高峰通勤交通的集中程度明显降低。如果将大型商场营业时间调整为 10:00 ~ 22:00，同时对商场促销等活动进行有效管理，预计也会有较好的削峰效果。

（3）增加公交和地铁运力、延长服务时间、缩短发车间隔，加之削减流量，公共交通运营服务水平大大提高，可最大限度地满足市民的出行需要。

（4）要充分调动和发挥广大市民在城市管理中的主体作用，广泛宣传动员，政府市民互动，营造全社会共同努力“办好新奥运、建设新北京”的良好氛围。

3 北京奥运交通需求管理政策

3.1 北京奥运交通面临的挑战

3.1.1 北京奥运交通预测分析

2008 年北京奥运会期间，城市正常生产生活的交通需求加上奥运会带来的交通需求，对北京市的道路交通系统将带来巨大的压力。一方面，机动车快速增长，但是道路交通设施的增长远远不能满足日益增加的机动车交通需求；另一方面，公共交通的承载能力有限，不能无限制地把所有的出行需求都加载在公共交通上面。

以综合预测的北京奥运会期间高峰日为例，总出行量将达到 3002 万人次，包含日常背景出行量 2892 万人次，奥运会出行量 110 万人次。在出行结构中，公共交通占 39.8%，小汽车占 31.6%。若不采取相应措施，届时，早高峰大部分路段的交通负荷都将处于超饱和状态，道路交通将拥堵严重，如图 3-1 和图 3-2 所示。

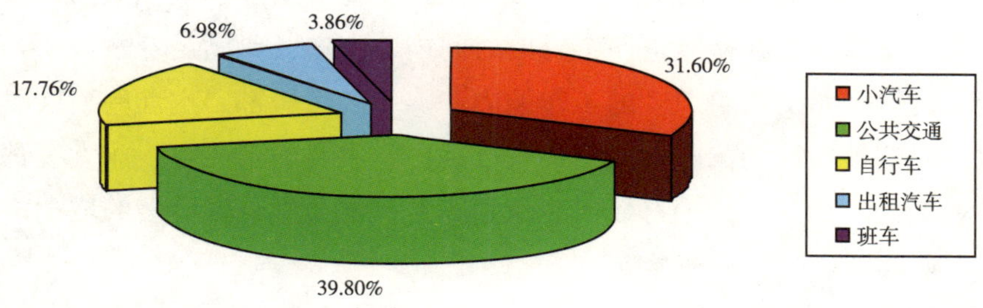

图3-1　奥运赛时不采取任何措施的出行结构图

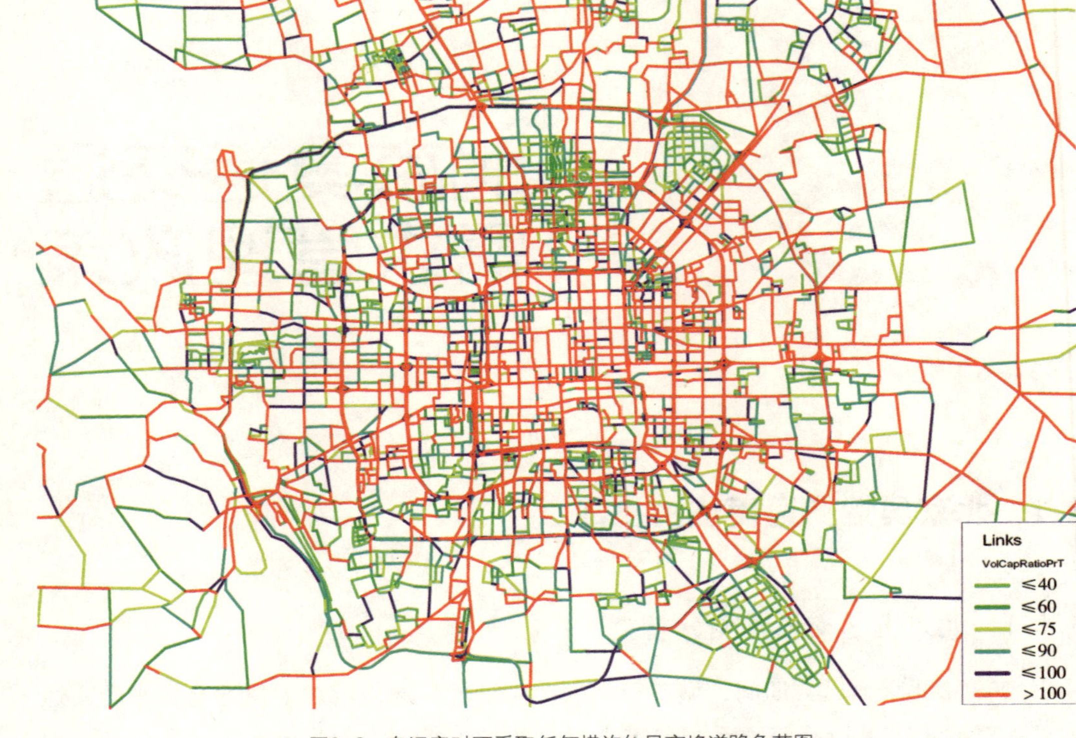

图3-2 奥运赛时不采取任何措施的早高峰道路负荷图

3.1.2 北京奥运交通面临的挑战

百年奥运、中华圆梦。办好北京奥运会是历史的重托、人民的期望。在北京申奥成功后的几年里，奥运交通筹备工作是卓有成效、有目共睹的。奥运会前，人、车、政策、组织等各项工作均已就绪，为做好北京奥运会赛时交通保障奠定了坚实的基础。

然而，北京奥运会是奥运会历史上参加国家及地区最多、规模最大、参与人数最多的一次体育盛会。在持续近两个月的时间内，交通既要满足赛事需要，又要保障城市正常运行，对交通组织者的工作能力和水平的考验都是空前的。同时，北京是第一次举办这种规模的国际性文化体育活动，全世界的聚光灯、放大镜都聚焦着交通的各项工作，如果工作中有任何疏忽和不足，都会影响奥运会的成功举办，甚至对国家和首都形象产生不利影响。

在这样的背景条件下，为成功举办 2008 年奥运会，确保奥运会期间交通的安全、便捷和通畅，既满足奥林匹克大家庭赛时交通服务需求，又保障社会交通的有序运转，需要制订合理有效的交通需求管理政策，削减路网交通流量，减少机动车出行，以适应北京大型活动时期的特殊交通需求。同时，为实现“绿色奥运”，还要确保奥运会期间的环境质量。

3.2 交通需求管理体系框架

3.2.1 交通需求管理政策制订原则

（1）交通需求管理着眼于常态化和系统性，兼顾奥运会期间交通运行保障的需要。

北京奥运会交通需求管理是以保障奥运会期间交通运行为目标，但交通需求管理方案的设计充分考虑了奥运会后常态化的可能性；其远期目标是以奥运为契机建立一个常态化的交通需求管理体系，作为北京市城市交通长期可持续发展的重要战略支持手段。

（2）保障城市正常的基本出行需求，最大限度地降低交通需求管理政策的负面效应。

建立需求管理实施体系的目的是在既有交通服务资源与城市环境容量许可范围内，保障城市各类群体日常基本出行需求得到更充分的满足，而不是受到抑制。即便为应对奥运会这样的国际性重大社会活动所引发的短期特殊交通需求，交通需求管理政策和措施都要保证市民的正常交通出行，否则就无法维持城市经济社会活动的正常运转。

（3）交通需求管理政策不以压缩出行需求总量为着眼点，而是寻求交通出行的有序、理性、和谐。

为北京奥运期间设计的“一揽子”交通需求管理方案，主要注重在出行方式选择和出行量的时空分布两个方面进行优化调整。通过提供充足的优质公共交通客运服务和增加小汽车出行成本等措施引导市民选择公共交通方式；通过错时上下班等措施对出行的时空分布进行调整。当然，对奥运会期间可适当削减的弹性出行也要进行总量控制，配合调整出行方式、时空分布等措施，共同达到缓解交通拥堵，提高交通服务水平的目的。

（4）注重方案的公平性、有效性和可实施性。

北京奥运会期间的交通需求管理方案首先要考虑社会公平性，要保证全体市民的基本出行，并使市民对出行方式具有一定的选择权。同时，方案要有实施效果，能够解决奥运交通需求和保障城市生产生活正常运行的交通需求。此外，由于交通需求管理方案涉及城市交通运行的各个环节，与市民日常生活息息相关，因此各项政策必须具备可实施性,要考虑政府的实施难度,最大限度地争取市民的理解和支持。

（5）交通需求管理方案要与城市其他管理措施相结合。

城市由多个相互独立又相互影响的分系统构成，交通是保障城市运行的一个方面。因此，要确保北京奥运会成功召开，交通需求管理方案必须要与北京市其他部门的管理措施相结合，共同保障奥运会的成功举办，如对机动车使用进行调控，不仅能减少交通流量，还能降低城市移动污染物的排放。因此，交通管理措施的制订需要与环境部门共同协商，使其既能实现交通目标，又能辅助实现环境目标。

（6）交通需求管理方案要有系统性。

交通需求管理方案既要有广泛的包容性，又要有系统性。包容性是指政策的多元化，系统性是指多元化的不同政策之间的协调匹配和互补关系。在深入分析北京奥运会交通需求特点的基础上，需要制订一套多重政策措施组合的“一揽子”方案，从出行的各个阶段和环节对北京奥运会期间的交通进行调节，以达到交通系统运行最优效果。

3.2.2 交通需求管理政策目标

奥运交通需求管理的目标主要是为了兑现“奥运交通承诺”，包括：向奥林匹克大家庭提供可靠的交通系统；使参赛运动员、媒体、贵宾等享用安全、准点、舒适、可靠、快速的专用车辆和专用道；使运动员、技术官员、注册媒体等从驻地到达市内出行距离最远的训练或比赛场馆，耗时不超过 30min；比赛场馆距奥运村的行车时间不超过 30min；设置奥林匹克专用车道，平均车速不低于 60km/h 等。

为实现以上目标，必须对城市道路交通流量和交通出行结构进行一定的控制和调整。根据北京奥运交通模型的测算，要达到以上的目标，对城市日常出行总量的压缩控制应在 10% 左右；道路流量需削减 25% ~ 30%；在出行结构布局中，建议公共交通的出行比例宜维持在 50% 左右。

3.2.3 交通需求管理体系

基于可持续发展的原则，统筹考虑北京奥运会交通需求和城市发展交通需求，最大限度地减少对城市居民生活的影响，北京建立了奥运交通需求管理体系。该体系主要从 4 个方面，即保障奥运通行、出行总量控制（城市可调节的弹性出行）、出行方式优化和交通流的时空分布采取措施。一方面，保障了奥林匹克大家庭成员的交通服务水平，并综合考虑了社会安全和环境质量的要求；另一方面，对城市交通需求进行部分调节，兼顾了交通需求管理的近期和远期规划，奥运会结束后，对奥运会期间的多项交通需求管理措施，进行调整完善后，可作为城市日常交通管理的措施执行。奥运交通需求管理体系构成，如图 3-3 所示。

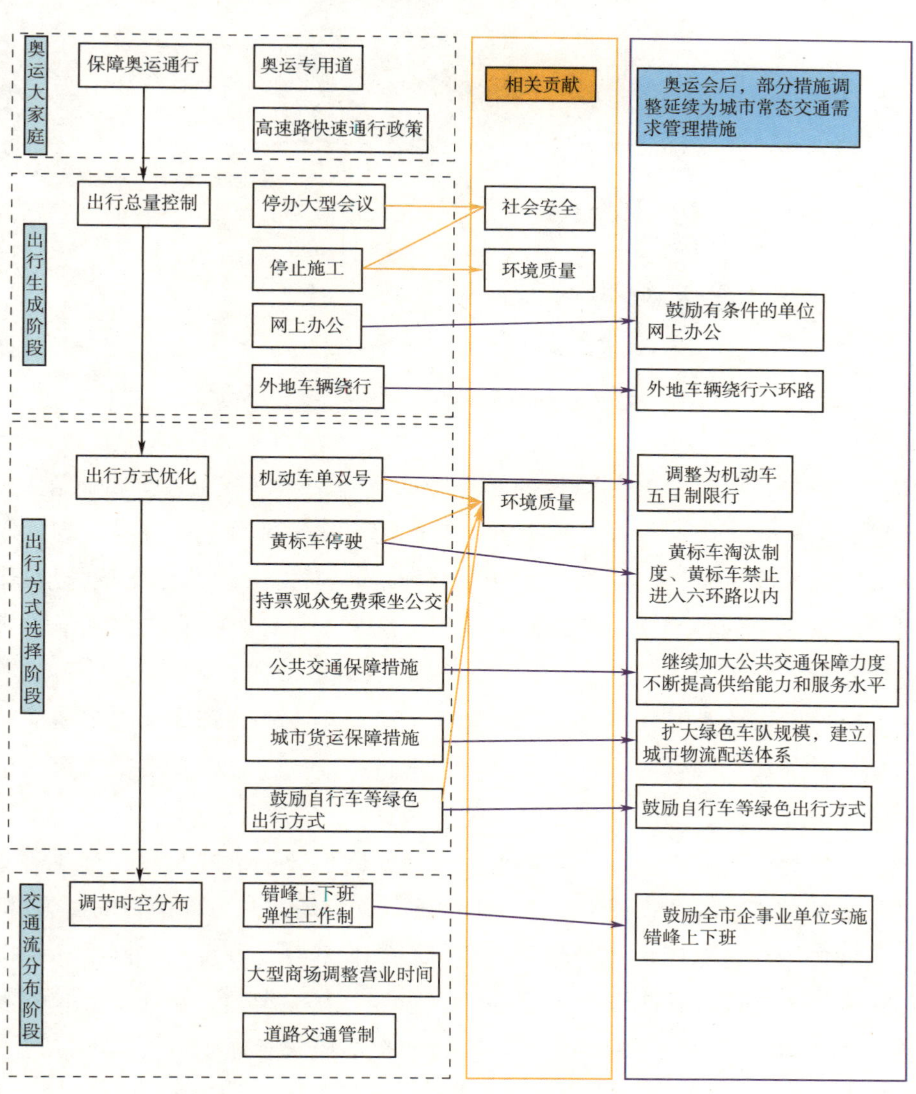

图3-3 北京奥运交通需求管理体系图

借鉴往届奥运会交通需求管理的实际做法，结合北京市举办“好运北京”测试赛以及中非论坛北京峰会期间实施交通需求管理措施的经验，将图 3-3 北京奥运交通需求管理体系中的需求管理措施大体分为强制类、鼓励引导类和建议宣传类三类，如图 3-4 所示。

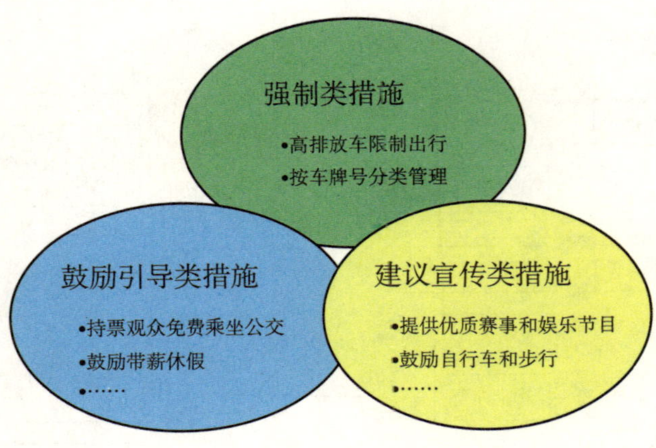

图3-4　北京奥运交通需求管理的分类图

其中，强制类措施是必须执行的，是确保奥运会期间交通畅通的最重要手段。强制类措施主要包括限制高排放车出行，对机动车按车牌号进行分类管理，提高外地进京车辆审批标准，停办各类学习班、辅导班、培训班，扩大货运车辆的禁行范围，停止对六环路以内的各项施工手续的审批和限制或禁止举办各类会议、学术研讨会等大型活动七个方面。

鼓励引导类措施主要包括持票观众免费乘坐公交、停车管理及停车换乘、鼓励自行车和步行、鼓励弹性办公和网上办公、推进智能交通，以及实现出租汽车电话预约服务六个方面。

建议宣传类措施是保障强制类措施，它是鼓励引导类措施顺利、有效实施的必要手段，是奥运交通需求管理不可缺少的一部分，应渗透到每项措施的实施过程中。其主要的宣传措施包括以下几个方面：通过报纸、电台、电视台、网络、手机信息等各种媒体持续进行广泛宣传；提供优质奥运赛事及娱乐节目，吸引观众，减少出行；制作和发放奥运交通宣传手册；对较难推行的交通需求管理政策要深入基层，做好宣传动员工作。

3.2.3.1　强制类措施

从环保要求和交通服务要求两个角度出发，通过法律、规章、条例、通告等形式，实施强制性措施，确保路网交通流量的削减。

（1）配合空气质量要求采取的需求管理措施。

为保障奥运会期间的北京空气质量达标和交通的顺畅，提出机动车污染控制措施，主要包括以下几点：

① 黄标车全天禁止行驶；

② 六环路内货车禁行；

③ 对其他社会车辆实行强制限制措施。

要点：

① 制订实施方案；

② 上报审批；

③ 措施发布与宣传；

④ 组织实施；

⑤ 监督管理。

（2）施画奥林匹克专用道。

施画奥林匹克专用车道，保障奥运赛事交通。

① 根据赛会人员抵离、训练、比赛的交通运行需求，施画约 286km 的奥林匹克专用车道。

② 总体使用时间为 2008 年 7 月 20 日 ~ 9 月 20 日，各条具体专用道根据赛事时间安排，分阶段逐步启用和停止使用。

③ 仅限持有奥组委发放的奥运专用车证车辆行驶。

要点：

① 制订施画方案；

② 上报审批；

③ 措施发布与宣传；

④ 按时施画；

⑤ 监督执法。

（3）场馆周边停车管理。

对场馆周边分区域进行停车管制，限制机动车出行，能够有效地缓解场馆周边的交通压力，有利于保证场馆周边正常的交通秩序，如图 3-5 所示。

以竞赛场馆为中心，由里到外依次设置安保区（红色）、控制区（黄色），以及疏导区（蓝色）。

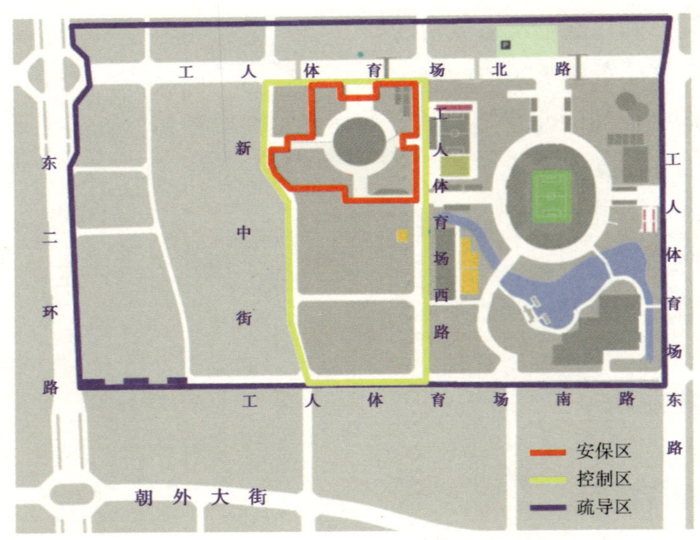

图3-5 工人体育馆周边控制区的划定

控制区内设置仅供 T1 ~ T4 使用的停车位和公交停车场，不设非持证私人小汽车停车场。疏导区内的社会停车场，其规模根据周边道路通行容量设定，并运用价格杠杆调节车位供求平衡。

要点：

① 确定场馆停车管理范围，以及不同范围适用的不同级别的管理政策；

② 落实场馆周边可作为赛时停车的用地，包括现有停车场、可利用的空地、工地等；

③ 核算停车位需求规模；

④ 确定土地临时征用方案；

⑤ 业主洽谈、场地修建；

⑥ 制订停车管理实施方案；

⑦ 上报审批；

⑧ 开展宣传；

⑨ 组织实施。

（4）适度控制外省（区、市）进京车辆总量。

据统计，外省（区、市）进京车辆约为 11 万辆 / 天，预计奥运赛时将达到 23 万辆 / 天。外省（区、市）途经北京的货运车辆在北京市外通过 112 国道绕行。外省（区、市）进京车辆一律凭地市级以上（含）介绍信，具有绿色标志的外省（区、市）进京车辆按照单双号行驶，否则在六环路外换乘公共交通到达比赛场馆，禁止外省（区、市）货运车辆在六环路以内（不含）通行。

要点：

① 预测奥运会期间外地车进京需求；

② 不同审批标准可控制的机动车数；

③ 制订外地进京车辆控制标准、管理办法；

④ 上报审批；

⑤ 措施发布与宣传；

⑥ 组织实施。

（5）停办各类学习班、辅导班和培训班。

根据2006年北京市统计年鉴数据，北京市现有中小学在校学生约110万人。奥运会虽处于学生暑假期间，但大部分学生会参加各类学习班、辅导班、培训班，为削减这部分出行产生的路网流量，故制订该项措施。

通过下发文件，要求在奥运会期间，停办各类学习班、辅导班、培训班。

要点：

① 掌握各类辅导班数量、参加人员数量及规模；

② 划定停办补习班的范围、种类等控制措施；

③ 制订管理办法，建立监督保障机制；

④ 上报审批；

⑤ 宣传；

⑥ 实施；

⑦ 监督管理；

（6）扩大货运车辆禁限范围。

奥运会前，北京市对全市货车的禁限的日常措施是：四环路以内，6:00 ~ 23:00货运车辆禁行。为进一步减少货车的影响，扩大对货运车辆的限制范围，奥运会期间，六环路以内道路6:00 ~ 24:00，禁止所有货运机动车通行。

要点：

掌握六环路内货运车辆的数量及其分布情况，以及货运车辆运送生产生活必需品所占比例。

① 确定限制货车种类 / 货运种类；

② 确定限制范围及限制时段；

③ 制订实施方案和监管办法；

④ 上报审批；

⑤ 宣传；

⑥ 实施；

⑦ 监督管理。

（7）除紧急抢险工程外停止六环路以内各类施工。

从 2007 年 7 月起，除奥运工程外，对 2008 年 3 月前不能完工的建筑施工项目停止审批，对施工的工程在 2008 年 5 月底前不能完工的，在奥运会期间（环保第一时段）停止施工，保证场地的整洁、美观。

除应急抢险工程外，2008 年 3 月底停止各种占路施工审批，2008 年 5 月底前不能完工的在施工程，应恢复场地，保证道路的通行功能。2008 年 6 月前，基础设施、市政道路、园林绿化等施工工地应收尾完工。

要点：

① 划定施工限制类别、限制范围、限制时限；

② 掌握 2008 年各类施工工地数量、分布、施工车辆；

③ 制订管理办法；

④ 建立监督保障机制；

⑤ 上报审批；

⑥ 宣传；

⑦ 实施；

⑧ 监督管理。

（8）不举办各种大型会议和活动。

为减少奥运会期间的社会交通出行量，届时，禁止举办各类大型会议和活动。

要点：

① 掌握每年 8 ~ 9 月在京召开的大型会议 / 活动的数量、规模、类型、车辆使用情况；

② 划定限制大型会议召开的类型、范围、规模；

③ 制订管理办法和配套措施；

④ 上报审批；

⑤ 发布与实施；

⑥ 监督管理。

3.2.3.2 鼓励、引导类措施

通过一定的鼓励和引导政策，引导人们出行方式和出行时间的转变，从而减少小汽车出行，鼓励公共交通、自行车和步行，调整出行时间，减小高峰时段的交通压力。

（1）持票观众免费乘坐公交、地铁。

该措施的主要内容是持票观众可以免费乘坐比赛当天的公共交通，包括公交和地铁。该措施的目的在于通过免费政策，提高公共交通的吸引力，减少小汽车出行，实现95%的观众乘坐公共交通到达比赛场馆。

要点：

① 奥运会期间的客流及时间分布，公交运力对需求的满足度分析；

② 免费乘坐公交范围的确定；

③ 成本测算及免费公交补偿政策；

④ 免费公交操作方案；

⑤ 宣传；

⑥ 方案实施。

（2）错时上下班。

错时上下班作为一项城市交通管理的政策措施，其目的是在既有道路网络资源条件下，通过调整不同单位、不同行业的上下班时间，错开他们上下班出行需求时段，削减高峰时段交通负荷峰值，从而减少拥堵和提高道路资源利用率，缓和高峰交通紧张局面，从而达到道路交通流量随时间的均匀化，保障城市交通的安全和畅通有序。

奥运会是一场短期的大型活动，错时上下班更具有短期实施的空间和余地。根据赛程表以及各行业的特点，拉大企事业、商业、教育等不同行业的上下班时间和赛会高峰时间的间隔，从而降低高峰期的路网压力。

要点：

① 不同行业人口与就业分布情况；

② 高峰期OD分布情况；

③ 主要道路流量和速度随时间的变化情况；

④ 制订错时上下班方案；

⑤ 实施效果分析；

⑥ 方案实施。

（3）鼓励弹性办公、网上办公。

在有条件的行业或单位实行较为自由的弹性工作制或者网上办公制度，可灵活机动地调整工作时间和工作地点。弹性办公适合的行业为非生产性企事业单位；网上办公适合的行业包括电子政务系统较为完善、且非社会保障机构的政府机关及少部分企事业单位。

该政策的实施效果主要依赖于措施的实施力度，对高峰小时的道路流量有一定的削减作用。

要点：

① 明确适合弹性办公、网上办公的行业类型和从业人员的数量；

② 建立弹性办公、网上办公实施平台和条件，以及配套政策；

③ 弹性办公、网上办公的具体实施方案；

④ 征求意见、报批；

⑤ 发布、宣传与实施。

（4）提供出租车电话预约服务。

奥运会前，北京市出租汽车日均客运量约为165万人次，运营方式以路侧揽客为主，空驶率约为45%，这既浪费了资源，增加了劳动强度，又加重了空气污染。通过提供出租车电话预约服务，建立以电话要车为主的出租车运营模式，改变传统的路侧随机揽客方式，减少空驶，缓解拥堵，节省能源，降低运营成本和出租车司机的劳动强度。

奥运会前，实现3万辆出租汽车入网，如果能够使空驶率下降20%，则三环路内道路负荷可减少5.5%。

要点：

① 完善出租汽车电话叫车系统；

② 制订鼓励电话叫车的配套政策；

③ 制订奥运会期间的运营方案；

④ 试点运行；

⑤ 实施。

3.2.3.3　宣传、建议类措施

有效的宣传方式和策略是交通需求管理政策得以顺利实施的重要保障。宣传建议类措施主要包括几下几项：

（1）制作和发放奥运交通宣传手册（含出行手册）。

（2）发布交通预报，通过报纸、电台、电视台、网络、手机信息等各种媒体持续进行广泛宣传。

（3）全面转播奥运赛事，吸引观众，减少出行。

（4）以政府主责、市民主体、中央和地方共同努力、层层负责的方式，落实措施。

综合上述奥运会期间可能采取的交通需求管理措施，制订措施组合方案，利用奥运交通仿真系统进行测试，并根据各种方案测试的交通运行效果，得出关键性交通评价指标结果，通过对这些方案交通运行指标的改善情况进行比较分析，最终推荐可行的交通措施组合方案。

在措施初步选取的基础上，根据各措施的实施条件和优缺点，将以上交通需求管理措施进行组合，形成多套北京奥运交通需求管理政策的组合方案，措施由弱到强，分别形成三类方案，见表3–1。

表3–1 奥运会期间交通需求管理一揽子方案

措施种类	具体措施内容
强制类	机动车限行措施
	施画奥林匹克专用道
	外地进京车辆管理措施
	货运车辆的禁限管理
鼓励引导类	持票观众免费乘坐公共交通
	场馆周边停车限制及停车换乘（P&R）
	错时上下班/弹性工作制
	鼓励弹性办公、网上办公
	对停驶机动车免征车船税、养路费
建议宣传类	宣传措施

3.3 机动车单双号行驶和黄标车停驶政策

要确保提供高水平的奥运交通服务，必须在管理层面上制订相应的政策和措施来予以保障。围绕奥运交通需求，为保障奥运交通畅通，兑现庄严承诺，制订了单双号和黄标车停驶政策，以削减城市总体交通需求，为奥运会交通创造良好的运行环境。

3.3.1 机动车保有量构成分析

按照预测，截至 2008 年 7 月底，全市机动车保有量达到 330 万辆。考虑奥运会和残奥会期间还将施画奥林匹克专用道等情况，如不采取削减机动车总量等措施，预计赛时路网交通运行状况是：高峰小时市区主干道路网平均负荷将达 0.98，日均高峰小时主干道平均速度约为 17.6km/h。

3.3.2 机动车停驶方案制订

根据机动车性质构成和数量制订不同的机动车限行方案，共提出三种车辆停驶方案。方案一结合了环保对交通的要求，按照车辆排放标准进行停驶；方案二是按照车辆号对车辆进行部分停驶；方案三是在"好运北京"综合测试赛后提出的单双号停驶方案，并测试其运行效果，具体方案如下。

方案一：按机动车排放标准停驶部分车辆（共停驶机动车 280 万辆）。

该方案分为两个阶段，即奥运会赛时和奥运村开村期间（不含奥运会赛期）。参照环保对车辆停驶的要求，从奥运村开村之日起，根据车辆的排放环保级别对车辆进行限行，在奥运会召开的 16 天中，对车辆进行更为严格的限行措施。该方案具有实施力度大，停驶车辆多等特点。可以看出，在奥运会期间，全市仅有 33 万辆四星绿标车和 15 万辆三星绿标车可以上路行驶，停驶车辆数达到 282 万辆。这样大的停驶力度是前所未有的，全市约 85% 以上的车辆都处于停驶状态，见表 3-2。

表3-2 按照机动车排放标准停驶部分车辆

分类	2008年预计车数（万辆）	第一时段措施（2008.7.17 ~ 2008.7.31和2008.8.25 ~ 2008.9.20）	第二时段措施（2008.8.1 ~ 2008.8.24）
黄标车	40	全天禁行	全天禁行
摩托车、拖拉机、其他汽车无标车等	44	全天禁止进入中心城和新城	全天禁止进入中心城和新城
无星绿标（相当于国Ⅰ，改造车）	32	7:00～22:00六环路内限行	7:00～22:00六环路内限行
一星绿标（国Ⅰ）	37	7:00～22:00六环路内限行	7:00～22:00六环路内限行
二星绿标（国Ⅱ）	124	7:00～22:00六环路内按单双号限行	7:00～22:00六环路内限行
三星绿标（国Ⅲ）	30	—	7:00～22:00六环路内按单双号限行

分类	2008年预计车数（万辆）	第一时段措施（2008.7.17～2008.7.31和2008.8.25～2008.9.20）	第二时段措施（2008.8.1～2008.8.24）
四星绿标（国Ⅲ）	33	—	—
合　　计	330	205万	282万

采用该方案，道路交通流量和运行等指标均可实现，但是该方案存在诸多不利因素，如实施难度大，可操作性差。车辆的环保级别仅凭张贴在车辆前的环保标志来识别，可识别性差，不利于交警的执法；车辆停驶过多，对市民的正常生活影响较大，且会带来一系列的问题，如停车、公共交通保障等问题。

方案二：停驶机动车 120 万辆。

该方案结合了部分环保要求，并结合车牌尾号对机动车进行限行。由于黄标车对环境的污染大，从空气质量的角度考虑，奥运会期间全天禁止黄标车行驶。市属企事业单位和中央机关起带头作用，车辆按照总量的 70% 停驶。私人机动车根据车牌尾号部分停驶，如 8 月 8 日，车牌尾号为 1 和 6 的车辆停驶，8 月 9 日车牌尾号为 2 和 7 的车辆停驶，依此类推，往复循环，见表 3-3。

表3-3　按照车牌尾号部分停驶方案

车辆类别	数量（万辆）	备　　注
黄标车停驶	40	黄标车停驶
单位车停驶	39	除公交、出租、邮政、环卫、驻华使领馆外，车辆按70%停驶
私人车按车牌尾号停驶	44	8月8日尾号为1、6的车辆停驶；8月9日尾号为2、7的车辆停驶；8月10日尾号为3、8的车辆停驶；依此类推
合　　计	123	不含进京车辆

该方案预计可停驶车辆 123 万辆，对居民出行影响较小；与方案一相比，其实施的可操作性加大。但是由于停驶车辆少，通过运行测试，认为该方案由于受限机动车数量不足，道路路段负荷情况不能满足奥运赛时交通运行需求，如图 3-6 所示。

方案三：按照机动车牌照单双号停驶机动车，预计单日停驶 195.1 万辆，双日停驶 206.7 万辆。具体如表 3-4 所示。

图3-6　方案二测试效果图

表3-4　按照车牌尾号部分停驶方案

<table>
<tr><th>项　　目</th><th>单日停驶车辆数（万辆）</th><th>双日停驶车辆数（万辆）</th><th>备　　注</th></tr>
<tr><td>单位车辆停驶50%，其中市属机关、各企事业单位再停驶20%</td><td>42.4</td><td>40.3</td><td>其中13.4万辆黄标车，全部停驶</td></tr>
<tr><td>私人小汽车按单双号停驶</td><td>132.6</td><td>143.3</td><td>其中26万辆黄标车，全部停驶，“二〇〇二式”号牌车辆按双号管理</td></tr>
<tr><td>城市保障车</td><td colspan="2">0.6</td><td>停驶部分全部为黄标车</td></tr>
<tr><td>本市其他车辆</td><td colspan="2">2.7</td><td></td></tr>
<tr><td>外地进京车辆停驶70%</td><td colspan="2">16.7</td><td>预测2008年奥运会期间将达23.9万辆</td></tr>
<tr><td>合　　计</td><td>195.1</td><td>206.7</td><td></td></tr>
</table>

3.3.3 基于奥运仿真系统的方案测试

在总结国际奥运交通经验、我国大型活动交通需求预测经验，以及北京奥运交通分析的基础上，以北京市宏观交通模型为基础，构建北京市六环路内主要道路网络的奥运仿真平台，利用仿真平台，对奥运交通需求管理各项措施进行测试和评估，并提出相关建议。北京市城市交通运行状态仿真系统技术路线图，如图 3-7 所示。

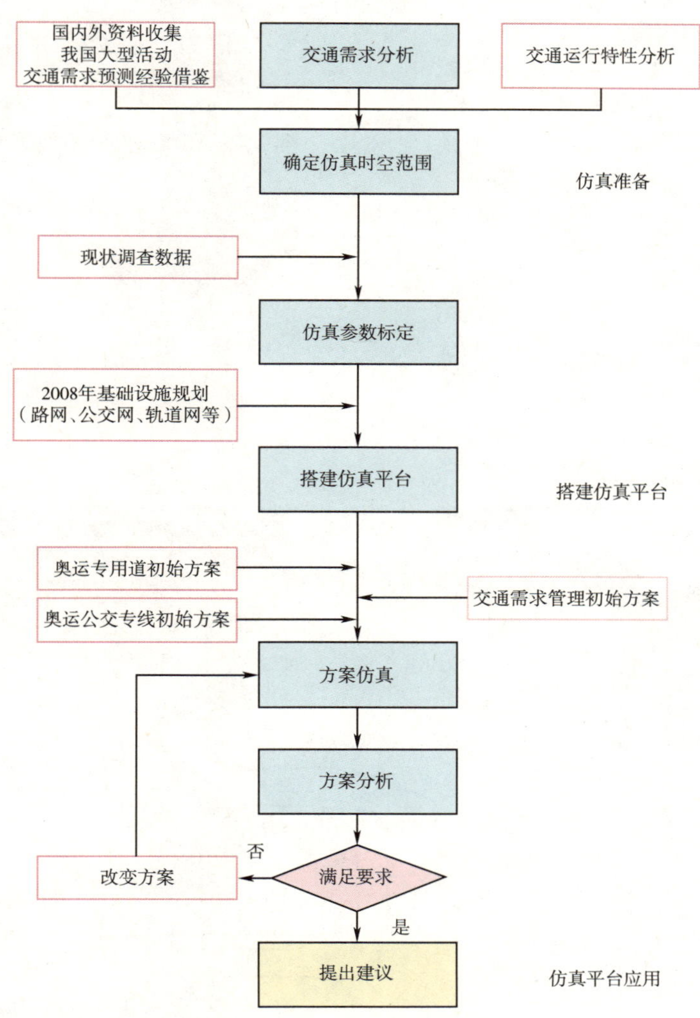

图3-7　北京市城市交通运行状态仿真系统技术路线示意图

通过建立奥运交通仿真系统，从实施效果及可操作性、影响程度、公共交通转移量等方面对 3 个方案进行定量和定性的比选。

仿真系统界面如图 3-8 所示。

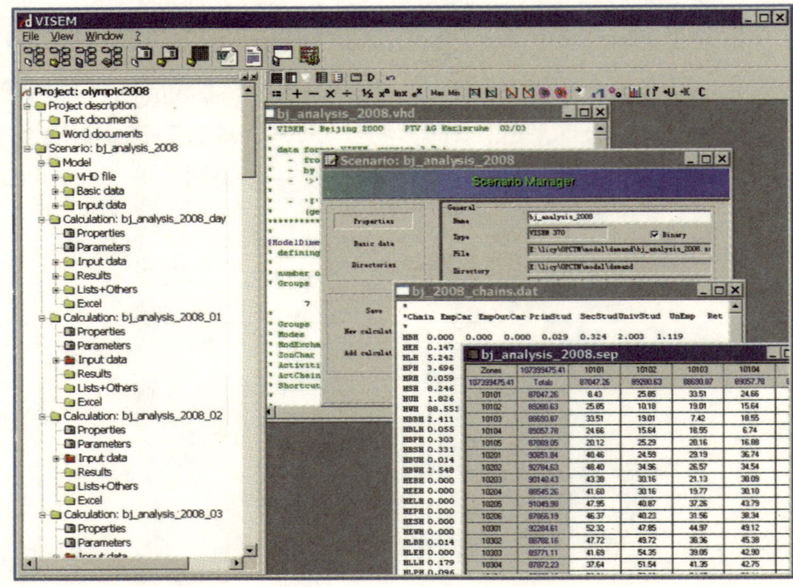

图3-8　奥运仿真系统界面

仿真系统路网界面如图 3-9 所示。

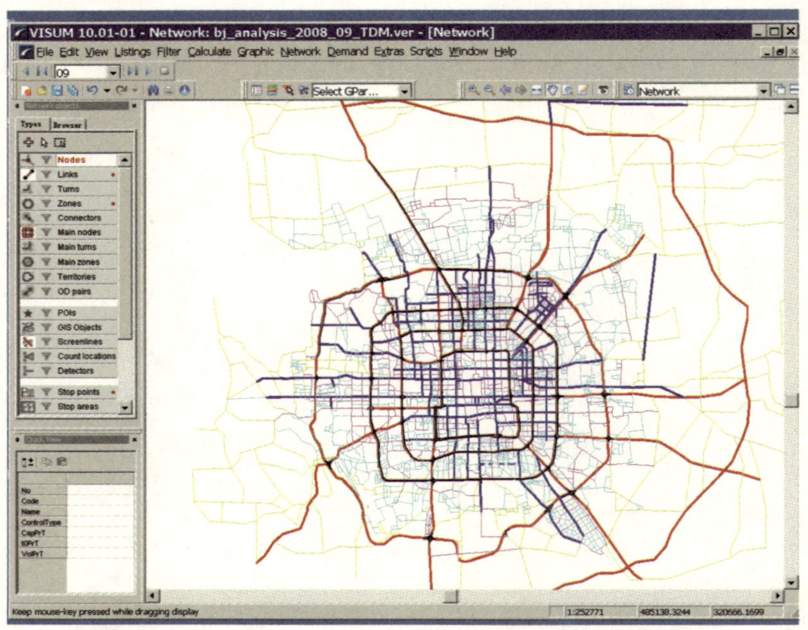

图3-9　奥运仿真系统路网界面

无任何交通需求管理措施下的路网流量负荷图如图 3-10 所示。

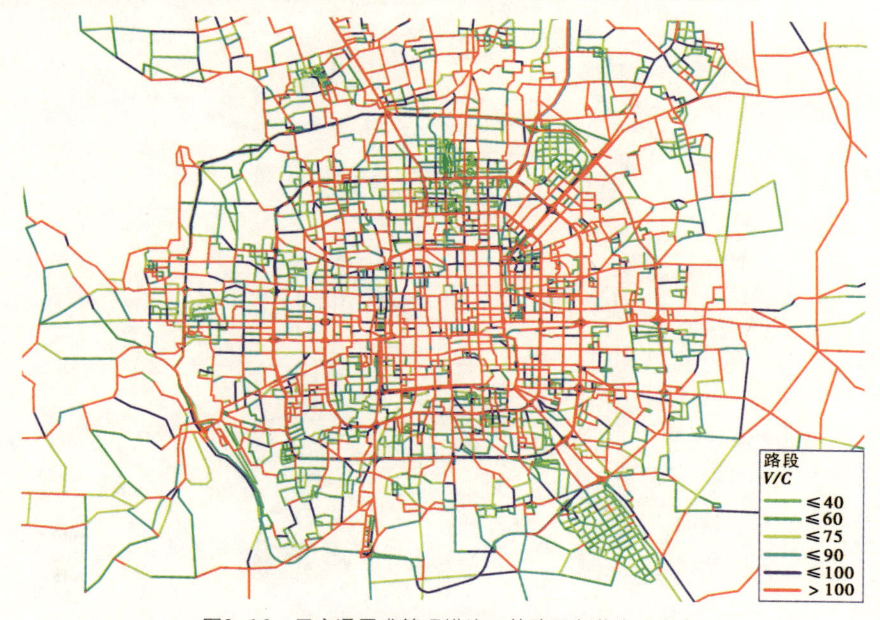

图3-10　无交通需求管理措施下的路网负荷度示意图

方案一道路负荷情况如图 3-11 所示。

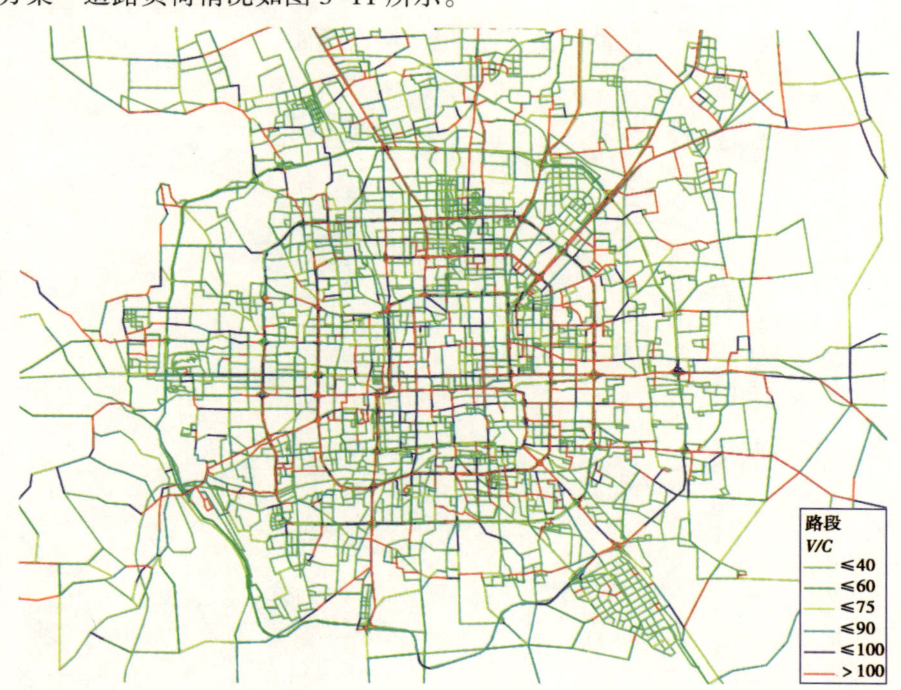

图3-11　实施方案一后的路网负荷度示意图

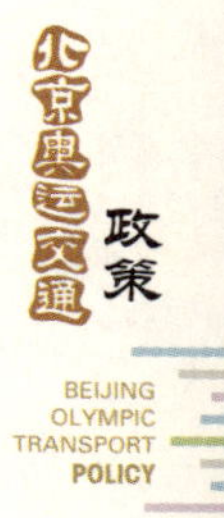

方案二道路负荷情况如图 3-12 所示。

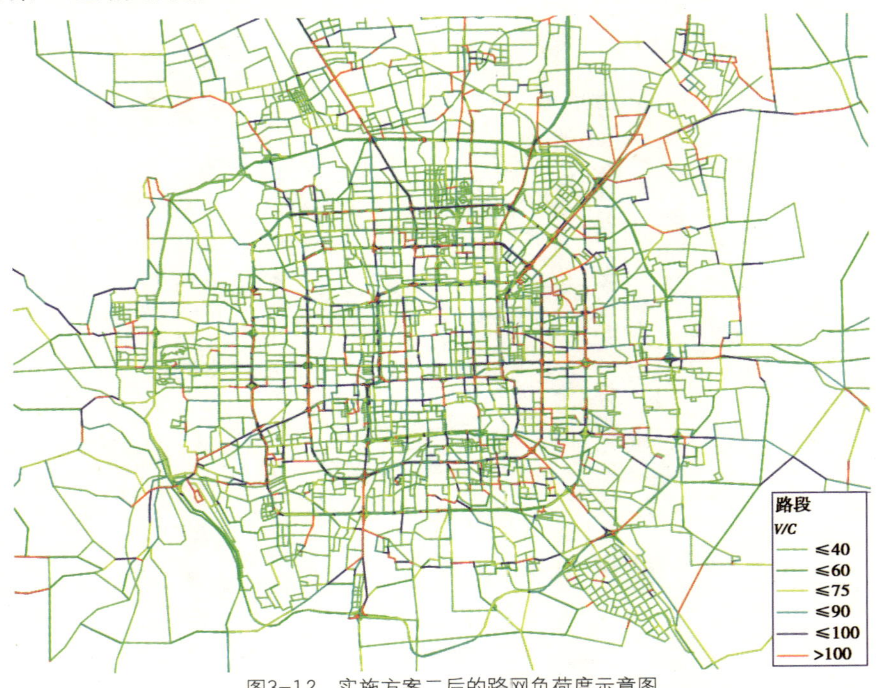

图3-12　实施方案二后的路网负荷度示意图

实施方案三限行方案后的路网负荷图如图 3-13 所示。

图3-13　实施方案三后的路网负荷度示意图

实施方案三后，快速路和主干路的平均负荷在0.6左右，但仍有部分路段存在拥堵现象，如原八达岭高速公路五环路以外部分区段、原京开高速公路进入南三环部分区段、新街口南大街部分区段等，方案三的不同路段道路负荷见表3-5。

表3-5　方案三的不同路段道路负荷表

快速路、主干路负荷	路段长度所占比例（%）
$V/C \geq 1$	4
$0.8 \leq V/C < 1$	22
$0.5 \leq V/C < 0.8$	53
$V/C < 0.5$	21

快速路平均车速在40km/h左右，主干路平均车速在25km/h左右；奥运交通运行能够使市区快速路在高峰时段平均车速达到35 ~ 50km/h，一般干道平均车速达到20km/h。

由于实施车辆停驶措施的目的就是要达到预期的交通运行效果，因此选择方案的首要因素就是要看是否能够实现预期的交通运行目标。因此，虽然方案二可操作性好，对社会和市民的影响程度小，对公共交通的压力小，但是由于其停车数量少，经测算不能满足交通运行目标，因此方案二不能作为建议方案。方案一和方案三在实施效果上均能满足要求，且方案一的效果要好于方案三。但是对比其他方面，方案一的影响程度大，对公共交通的压力大，可实施性较差。因此，经过测试与评估分析，建议推荐方案三作为奥运会期间机动车限行方案，见表3-6。

表3-6　车辆停驶方案比选

方案	停驶车辆数（万辆）	实施效果	可操作性	影响程度	公共交通转移量
方案一	282	★★★	★	★★★	★★★
方案二	123	★	★★★	★	★
方案三	195 ~ 206	★★	★★★	★★	★★

由于方案三力度大，且具有实施的可操作性，因此最终被政府部门采纳作为奥运会期间的车辆停驶实施方案，并在方案三的基础上，根据环境、交通等多方面的要求，采取了两阶段的车辆停驶方案（通告及措施细则见附录1）。

3.4 奥林匹克专用道政策

奥林匹克专用道是为运动员、注册媒体等奥林匹克大家庭成员服务的专用道路。根据奥运场馆、设施分布状况，本着“兑现奥运交通承诺，方便奥运交通组织，兼顾正常社会交通”的原则布设，以保证奥林匹克大家庭成员等客户群的出行时间，为他们提供“安全、可靠、准点、便利”的交通运输服务。

3.4.1 奥林匹克专用道服务对象

奥林匹克专用车道主要用于保证参赛运动员、技术官员、注册媒体、代表团官员、国际宾客的车辆以及赛会物资保障车辆和特种车辆的通行。

持奥林匹克专用车证的客运车辆，在奥运会期间，按照证件标明的权限，可以通行奥林匹克专用车道。

持奥林匹克专用车证，为奥林匹克大家庭成员运输行李、器材设备的车辆，执行场馆运行保障的通信、电力、兴奋剂检测、医疗救护、应急抢险车辆以及承担比赛转播任务的卫星转播车等，可以通行奥林匹克专用车道。

持证的重要国事活动和国际贵宾车队，可以通行奥林匹克专用车道。

为奥运会执行紧急任务的警车、消防车、救护车、工程救险车，可以通行奥林匹克专用车道。

持奥林匹克专用车证的外埠号牌车辆，与北京市持证车辆享有同等通行权限。

3.4.2 奥林匹克专用道流量分析

奥林匹克专用道设置后城市日常交通量和关键交叉口的交通量情况如图 3-14 所示，通过合理的引导和赛时车辆限行措施的共同作用，将其对社会交通的影响减小到最低程度，并且专用道上的交通运行状况应满足奥运承诺。

3.4.3 奥林匹克专用道规划设置

奥林匹克专用道的布设在尽量不影响社会交通的前提下，使奥运村、场馆、签约酒店、定点医院等设施之间的联系更加便利通畅。北京奥运施画了 286km 的奥林匹克专用道，是奥运会历史上最长的专用道，为奥运会和残奥会交通服务，提供了有力的保障。2008 年 7 月 20 日 ~ 9 月 20 日期间，根据赛会人员抵离、训练、比赛交通运行需求，分阶段逐步启用和停止使用奥林匹克专用车道。奥林匹克专用车道主线为 24h 全天运行，支线为每日 6:00 ~ 24:00 运行。

北京奥运用专用道设置如图 3-14 所示。

图3-14　北京奥运会专用道设置图

3.5　免费乘坐公交政策

依据北京奥运申办报告承诺，赛时将为奥林匹克大家庭成员、赛会工作人员、志愿者和持票观众提供免费公共交通服务，这也是提高奥运交通服务水平的一项有力措施。

3.5.1 免费客户需求预测

免费乘坐公交的客户包括注册人员（奥林匹克大家庭成员、赛会工作人员、志愿者等)和持当日比赛门票的观众,同时非注册媒体也被纳入到乘坐免费公交的范围。根据预测,奥运会期间免费乘坐公交累计 6149 万人次,残奥会期间累计 2266 万人次，奥运会至残奥会过渡期间累计 2404 万人次。以上三个阶段累计免费公交需求将达到 10819 万人次。

3.5.2 免费乘坐公交时段

按照 2008 年奥运会和残奥会的时间安排，从奥运村预开村到残奥村闭村期间共 63 天，分为以下七个时间段：

① 奥运村预开村时间: 7 月 20 日;

② 奥运会训练期: 7 月 21 日 ~ 8 月 7 日;

③ 奥运会比赛期: 8 月 8 日 ~ 8 月 24 日;

④ 奥运村闭村时间: 8 月 27 日;

⑤ 奥运会残奥会转换期: 8 月 28 日 ~ 9 月 5 日;

⑥ 残奥会比赛期: 9 月 6 日 ~ 9 月 17 日;

⑦ 残奥村闭村时间: 9 月 20 日。

初步拟定奥运会和残奥会免费公交政策的实施时间为 2008 年 7 月 20 日 ~ 9 月 20 日，共计 63 天。

3.5.3 免费乘坐公交范围

（1）注册人员和非注册媒体人员免费乘坐公共交通的范围：

① 地面公交线路:北京市公交集团公司和北京市祥龙公交公司所属市域内 1 ~ 9 字头的公共电汽车运营线路及 34 条奥运公交专线。

② 轨道交通线路: 1 号线、2 号线、5 号线、10 号线、奥运支线（8 号线一期)、13 号线、八通线和机场快轨线。

（2）持当日比赛门票的观众免费乘坐公共交通的范围：

① 地面公交线路:北京市公交集团公司和北京市祥龙公交公司所属市域内 1 ~ 9 字头的公共电汽车运营线路及 34 条奥运公交专线。

② 轨道交通线路: 1 号线、2 号线、5 号线、10 号线、奥运支线（8 号线一期)、13 号线和八通线。

3.5.4 免费公交政策实施方案

注册人员和非注册媒体人员凭奥运会（残奥会）身份注册卡或2008年北京国际新闻中心工作证件可免费乘坐公交和轨道交通；观众凭北京地区奥运门票，在票面当日（可延至次日凌晨4:00），可免费乘坐公交和轨道交通，具体实施办法如下。

（1）全方位开展免费政策的宣传。奥组委在各客户群的服务指南中的交通部分进行明示，并对工作人员和志愿者下发通知，明确各项注意事项；交通、交管部门组织开展社会面的专题宣传。

（2）注册人员、非注册媒体人员和持票观众要主动出示卡、证、票，接受司乘人员的检验，公交企业应安排相应数量的稽查人员，在免费政策实施期间进行检查。

（3）凡发现使用他人卡、证或持过期门票的，按照相应规定，按当日、当车实际里程补票。

（4）奥运赛时地铁已全网实现AFC系统,在进站口开辟一道或多道闸机作为“奥运专用通道”，并加以明显指示标识引导免费范围内的乘客通行。

3.6 道路货运保障措施

奥运会和残奥会期间，由于实行机动车单双号行驶、黄标车停驶等交通需求管理政策，按照《2008年北京奥运会残奥会期间北京市交通保障方案》，为满足赛时城市正常运行的生产生活物资运输需要，依据“保奥运、保环境、保交通、少影响、可操作”的原则，北京交通部门牵头制订了建立道路货运保障公共服务窗口、组建货运“绿色车队”、开辟鲜活农产品“绿色通道”等一系列道路货物运输保障措施。

3.6.1 建立道路货运保障公共服务窗口

3.6.1.1 建立货运保障公共服务窗口

奥运会期间，建立货运保障公共服务窗口，自2008年6月27～9月20日对外开放。公共服务窗口分为以下两个层次：

（1）行业主管和归口部门货运保障公共服务窗口（以下简称“行业窗口”）。主要负责本行业、本系统和归口企事业单位奥运会期间货运需求调查和汇总，制订奥运会期间运力配置方案，办理主管和归口单位普通货物运输、危险化学品运输、应急货物运输需求的受理、初审及政策咨询；报送相关报表和信息。

（2）联合货运保障公共服务窗口（以下简称“联合窗口”）。由北京市运输管理部门、北京市公安局交通管理部门、北京市安全生产监督管理部门、北京市环保部门等组成，主要负责奥运会期间全市货物运输保障工作的统一协调、组织实施、信息收集和报送；负责办理普通货物运输、危险化学品运输、应急货物运输需求的审定及政策咨询。

3.6.1.2　分行业货运保障

北京市发展改革部门负责电煤、居民生活用煤供应、电厂的粉煤灰、石灰石等能源运输保障。归口单位有：电力公司、中石油、中石化、龙禹、电厂、金泰恒业等。

北京农村工作管理部门负责农产品、水产品、林产品、畜牧产品等运输保障。归口单位有：农业局、乡镇企业局、各区县农业系统等。

北京教育主管部门负责学生营养餐配送等运输保障工作。归口单位有：各学校、区县教育系统等。

北京市政市容管理部门负责锅炉供暖用煤及路灯用电、气、热运输，渣土运输，垃圾粪便清运，医疗清废等运输保障。归口单位有：燃气集团、热力集团、环卫集团、渣土运输企业、北京移动、北京网通、路灯管理处、区县市政管理系统等。

北京市卫生行政主管部门负责医疗物资、卫生防疫、抢救、医疗用具等运输保障。归口单位有：各医院、中医管理局等。

北京市药监部门负责药品、医疗器械等运输保障。归口单位有：医药企业，各区县医药公司等。

北京市商务管理部门负责粮食、百货、副食、再生资源回收等运输保障。归口单位有：一商、二商、粮食局、供销社、果品公司、糖业烟酒公司、各区县商务部门等。

北京市园林绿化部门负责绿化、花卉打药、浇水等养护管理；抢险；苗木、花卉等绿化材料的运输保障。归口单位有：公园管理中心、市花木公司、北京金都恒达园林绿化处、市园林古建工程公司、各区县园林绿化部门等。

北京市安全生产监督部门负责对危险化学品生产、经营、储存、运输企业的运输需求提出审查意见。归口单位有：全市及重点区域，如经济技术开发区、燕化公司等。

北京市水务管理部门负责水务、防汛等物资运输保障。归口单位有：自来水、排水、污水处理等企业（集团）。

北京市工业促进管理部门负责全市重点工业企业的货运保障（电子信息、机电、生物工程和医药、汽车及交通设备、军工、都市工业、基础工业等，含工业企业用煤）。归口单位有：区县工业局（经委、发改委、商务局）、市工业控股公司（首钢、北汽控股、京城控股、金隅集团、京仪控股、电子控股、医药集团、一轻控股、隆达控股、纺织控股、工美集团、同仁堂集团、化工集团等工业控股公司）、北京经济技术开发区管委会、市国防科工办所属重点工业企业。

北京市新闻出版管理部门负责图书、报刊等出版物印刷品运输保障。归口单位有：出版社、报刊社、发行公司、印刷厂等。

北京市交通路政部门负责交通设施建设材料和铁路道口、轨道建设、公路和城市道路养护作业等货物运输保障。归口单位有：高速公路建设运营单位、公路分局及公路绿化养护单位、城市道路管理养护单位、轨道地铁相关建设运营单位、铁路道口安全管理养护单位等。

北京市交通运输管理部门负责市属交通运输企业货物运输；组建绿色车队面向社会运输保障。归口单位有：北京公交集团、北京祥龙公司、北京地铁运营公司等交通系统运输企业。

在行业公共服务窗口办理归口行业临时道路货物运输需求初审及政策咨询；在联合公共服务窗口办理临时道路货物运输需求审核、危险化学品临时运输需求审查及政策咨询。

3.6.1.3　程序

要办理临时道路货物运输手续的单位，必须符合《北京市人民政府关于2008年北京奥运会残奥会期间对本市机动车采取临时交通管理措施的通告》和《北京市人民政府关于2008年北京奥运会残奥会期间对外省区市进京机动车采取临时交通管理措施的通告》要求，确属运送城市生产生活物资的货运机动车，经行业公共服务窗口初审后，向联合公共服务窗口提出申请，由北京市环境保护部门审核车辆环保标志后，由北京市运输管理部门核准运输需求，由北京市公安交管部门负责办理临时车辆通行证件。

要临时运输危险化学品的生产、经营、储存、运输单位，由行业公共服务窗口初审后，到联合公共服务窗口，由北京市安全生产监督部门审查同意（其中剧毒化学品还需提交北京市公安治安管理部门购买证明），由北京市运输管理部门负责危险化学品运输企业、车辆、驾驶员和押运员资质备案，由北京市公安交管部门负责办理临时车辆通行证件。

3.6.2　组建货运“绿色车队”

根据《2008年北京奥运会残奥会期间北京市交通保障方案》，奥运赛时尾气排放不达标的黄标车一律停驶，北京货运车辆中黄标车占了很大比例，为满足奥运会期间城市生产生活物品的运输配送服务需要，北京交通运输部门牵头组建了 178 家城市保障道路货运“绿色车队”。

所谓“绿色车队”是指具有道路运输经营资质，具备一定经营规模，符合安全、环保要求的专业运输货运企业；车辆是具有道路运输经营资质，具有绿色环保标志，符合车辆技术等级要求的营运货车。

“绿色车队”企业面向社会承担城市生产生活物品的运输配送服务。社会各道路货运需求单位，可与“绿色车队”企业联系，洽谈运输事项。

“绿色车队”企业向社会提供安全、规范、高质量的运输服务，保证车辆车况良好、外观清洁；“绿色车队”要服从政府应急运输任务的调用；要遵守交通法规，保障交通安全。

3.6.3 开辟“绿色通道”

奥运会期间，为保证城市正常运行、市民生活必需品尤其是蔬菜等鲜活农产品的价格稳定，北京市在行政区域内开辟了运输鲜活农产品的“绿色通道”。凡是运送新鲜蔬菜、水果，鲜活水产品，活的畜禽，新鲜的肉、蛋、奶等的货运车辆在进入北京市的各高速公路、国道入口时，均可免费快速通行。

奥运会期间，凡整车运输以上“绿色通道”鲜活农产品的，应提前将运输需求、承运单位、车辆、路线、日期等情况，报各行业窗口审查，审查合格的，报联合窗口审定，经审定同意的，由北京市公安交管部门向行业窗口核发“绿色通道”车辆通行证件。车辆凭“绿色通道”车辆通行证件可免费快速通行。

货运保障有关政策原文见附录 2。

3.7 高速公路快速通行政策

3.7.1 政策内容

为保证奥运服务车辆快速通行高速公路，北京市交通部门会同奥组委研究提出了奥运车辆高速路快速通行方案。方案的要点是“赛前签订协议、赛时计次快速通过、赛后统一结算”。各部门的职责如下所述。

奥组委交通部：负责提供奥运会期间享受快速通行高速公路收费站的奥运服务

车辆的有关情况，包括车辆的具体线路、路段、进出口、车辆数量及车型等；负责提供奥组委统一印制的各类车辆通行证样本，供高速公路公司员工备案识别；与高速公路公司签订“高速公路快速通行协议”；对高速公路公司汇总的通行收费站的车次记录和费用明细进行确认，并支付费用。

北京交通部门：负责奥运会期间服务车辆快速通行高速公路收费站的组织协调工作。

各高速公路公司：负责具体实施奥运服务车辆快速通行高速公路收费站工作，设置奥运快速专用通道，制订具体的快速通行细则，保证服务及时到位。

奥运车辆快速通行涉及的高速公路有机场高速公路、机场北线、机场南线、京承高速公路、六环路、原八达岭高速公路、京津塘高速公路、京通快速路、机场第二高速公路、京津第二高速公路等高速公路和快速路。

3.7.2 政策实施

北京奥运会前，奥组委交通部与各高速公路公司签订“高速公路快速通行协议”，奥运服务车辆凭奥运会车证在高速公路收费站快速计次放行，事后由奥组委与各高速路公司统一结算费用。

各高速公路公司在高速公路收费站设立“奥运车辆快速通道”，并在明显位置悬挂统一醒目的标志，持有奥运会车证的车辆可直接快速通过。

通行车辆达到勤务级别的按勤务保障方式通行，严格按照勤务车队通行程序的有关规定执行，确保参加奥运会的贵宾车队快速安全通过。

3.8 错时上下班政策

根据奥运交通运行分析，在奥运会期间（2008 年 7 月 20 日 ~ 2008 年 9 月 20 日）全市停驶 193 万 ~ 206 万辆机动车后，预计每天约有 465 万人次客运量转移到公共交通等出行方式上。

尽管奥运会期间增加地面公交、地铁运力和提高运行效率，并鼓励选择自行车、步行等绿色交通方式出行，但面对在未采取削减机动车总量，早晚高峰时段主要道路交通拥堵严重、公共交通特别是轨道交通乘车已相当拥挤的状况下，如果不采取适当措施错开早晚高峰出行时段，道路交通和公共交通特别是轨道交通压力将会相当大。

因此，为尽最大努力满足人们的出行需要，确保城市正常的生产生活秩序，有必要在奥运会期间对北京市通勤高峰交通需求进行调整，尽可能起到“削峰填谷”的作用。而实行错时上下班是保障奥运会期间城市交通正常运行的可选措施之一。

实施错时上下班主要有两个目的：一是缓解道路交通压力，降低道路交通负荷，尽量避免区域交通拥堵；二是减轻公共交通压力，缓和小汽车转移交通和奥运相关交通对公共交通的强烈冲击。为此，必须从现状北京市民出行方式、出行时间分布等基础特性出发，摸清各种群体、各种出行目的交通需求时空分布情况，并结合北京市各类性质单位管理体制，制订不同的方案，比较和优选各方案能达到的削峰效果，才能确立行之有效的错时上下班措施，保障奥运城市交通的顺畅运行。

3.8.1 现状北京交通出行状况分析

3.8.1.1 出行情况

北京市人口与就业分布主要集中在中心城区，五环路以内人口占全市总人口的50%，就业岗位占全市的74%。

在城市中心城区，人口相对分散，就业相对集中。就企事业单位而言，二环路内、二环和三环路间、三环和四环路间就业人口密度均在0.8万人/km^{2}左右，而二环路内就业岗位为1.3万个/km^2，向外依次递减，二环和三环路间就业岗位为1.1万个/km^2，而三环和四环路间就业岗位仅为0.5万个/km^2，见图3–15和图3–16。

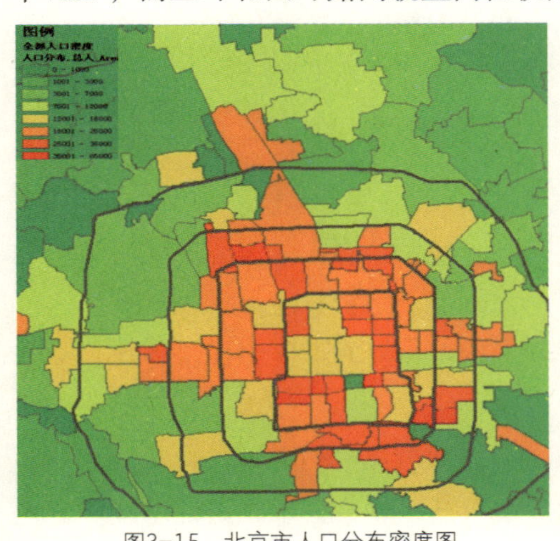

图3–15 北京市人口分布密度图

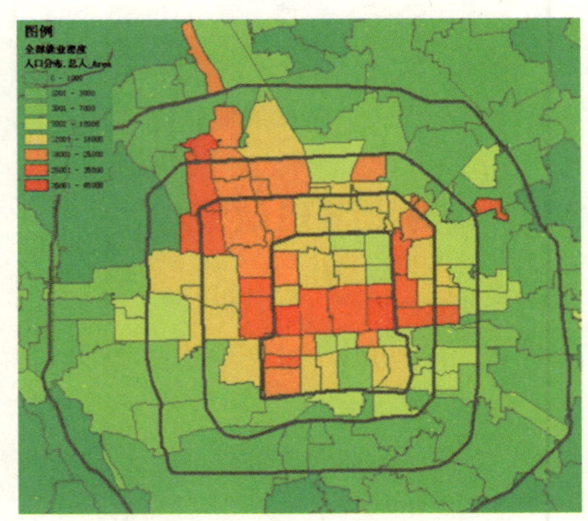

图3–16 北京市就业岗位分布密度图

3.8.1.2 上下班时间基本情况

北京市党政机关上下班时间由政府统一规定，各企事业单位上下班时间未作全市统一规定，由各单位根据实际情况自行规定。具体见表3–7。

表3-7　不同性质单位上下班时间表

性　质		上班时间	备注
北京市各级党政机关		8:30～17:30	
企事业单位	学校	7:30～16:30	
	商业	9:00～21:00	
	其他	8:30～17:30 或9:00～18:00	

3.8.1.3　出行时间分布情况

对各级党政机关、各企事业单位的上下班出行、商业出行和其他出行进行分析，得到各种性质单位不同出行目的的在途出行时间分布情况，见图 3-17。

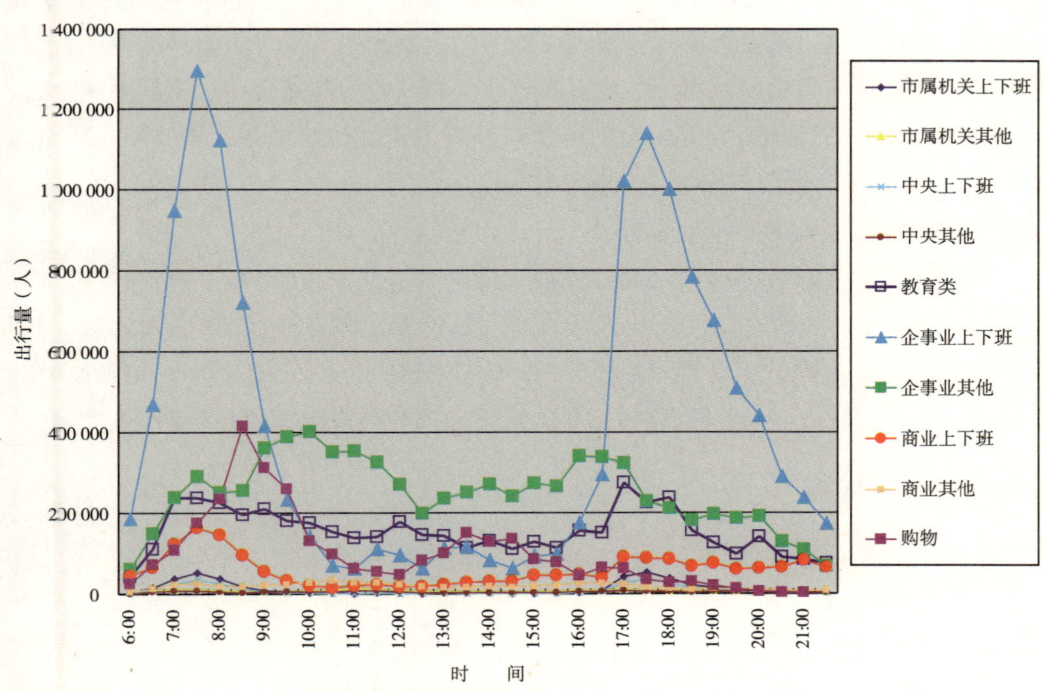

图3-17　各类性质单位在途出行时间分布图

从图 3-17 中可以看出，第一，从各级党政机关、各企事业和商业有关的在途出行时间来看，均有或强或弱的高低峰特征，部分出行如企事业单位上下班出行表现出较强的低峰特征，而部分出行如教育类相关出行则相对较弱；第二，各类单位不同目的的出行均存在着不同程度的重合，如企事业单位和商业相关出行的高峰相对比较接近；第三，不同单位不同出行目的在所有出行量中所占比例不一致，如企事业单位上下班所占比例很大，而机关上下班出行所占比例相对较少。

3.8.2 通勤时段道路交通运行分析

相对于全天而言，北京市通勤高峰交通状况更加不容乐观，在道路交通和公共交通方面均表现出明显的拥堵特征。

3.8.2.1 道路交通情况

早高峰时段，各条快速路及各主要干道、放射线基本处于饱和状态，道路拥堵较严重，运输效率低下。高峰开始时间逐渐提前，且持续时间明显延长，高峰时段过后峰值衰减不明显，早晚高峰之间没有明显的低谷。二环路、三环路和四环路上车流量从6:30开始逐渐趋于饱和，运行速度迅速降低，并一直持续到9:00之后才有所缓解。主要干道（平安大街、长安街、前三门大街和两广路等）与环路特征类似。早高峰拥堵呈现明显的向心特征，放射线道路（原八达岭高速公路、京开高速公路、京通快速路和京石高速公路等）上的车速由外到内速度持续降低，从外围五环路附近的35km/h左右下降到三环路附近的12km/h。

3.8.2.2 公共交通高峰运输情况

奥运会前，北京市区地面公交、轨道交通、市郊9字头公交的早晚高峰时段分别为7:00 ~ 9:00和17:00 ~ 19:30甚至更长，日均客运量分别达1302万人次、325万人次和202万人次，比上年同期增长22.6%、116%和40.5%，其中，早晚高峰客运量各占25%左右，大部分线路特别是轨道交通高峰时段车厢内相当拥挤。

3.8.3 方案制订

3.8.3.1 影响因素分析

（1）技术分析层面。

从各类性质单位的上下班出行和其他出行的时间分布情况可以看出：

① 党政机关的相关出行在所有高峰时段出行总量中所占比例比较小。

② 商业的相关出行所占比例比较大，实行错峰将对交通有明显影响。

③ 教育类的相关出行所占比例比较大。

④ 企事业单位的出行是所有出行在总量中所占份额最大的一项，对其出行时间

进行调整将在很大程度上决定错峰效果。

（2）操作层面。

作为一项行之有效的措施，必须找到切入口，从易于操作的角度，尽量牵扯较小的范围，达到最优的实施效果。因此，通过技术分析所得到的最佳方案必须结合现有北京市情况，才能便于方案的实施，从而达到错峰的目的。

3.8.3.2　基本前提

首先，承担城市运行和服务保障任务的企事业单位，由于其工作性质的重要性，故在此次错峰措施中不予考虑，对其上下班时间不进行调整。

另外，根据前述技术分析，党政机关出行在早高峰时间所占比例较小，所以暂不对其上下班时间进行调整。

教育类出行时间分布相对日常交通高峰来说已有所提前，不易再错 。另外，奥运会期间大部分学校均已放假，所以暂不对其上下班时间进行调整。

商业类出行在已往错峰措施中积累了一些经验，此次仍延续已往办法，大型商场每天上午开始营业时间调整为 10:00，并适当延长晚上的营业时间。

3.8.3.3　方案及比选

基于上述前提条件，此次方案主要对企事业单位上下班时间进行分析，拟定上班时间调整到 9:00 和 9:30 两个时刻，下班时间则相应调整到 17:00 和 17:30 两个时刻。

作为决定错峰效果的企事业单位，将其全部上班时间调整到同一时刻必然会形成新的高峰，效果反而不会明显，因而关键在于对应于两个错峰上班时刻，各调整多大规模才能达到最优效果，基于此，设计了多个方案以供分析比较。

方案一：70% 的企事业单位错时到 9:00，另外 30% 的企事业单位错时到 9:30。

方案二：60% 的企事业单位错时到 9:00，另外 40% 的企事业单位错时到 9:30。

方案三：50% 的企事业单位错时到 9:00，另外 50% 的企事业单位错时到 9:30。

方案四：40% 的企事业单位错时到 9:00，另外 60% 的企事业单位错时到 9:30。

方案五：30% 的企事业单位错时到 9:00，另外 70% 的企事业单位错时到 9:30。

方案六：10% 的企事业单位错时到 9:00，另外 90% 的企事业单位错时到 9:30。

根据上述各个方案，对实施错时上下班后的出行分布总量进行了如下分析：

方案一：当 70% 的企事业单位错时到 9:00、另外 30% 的企事业单位错时到 9:30 上班后，早高峰出行量将降低 1.87%，见图 3–18。

方案二：当 60% 的企事业单位错时到 9:00、另外 40% 的企事业单位错时到 9:30 上班后，早高峰出行量将降低 4.45%，见图 3–19。

方案三：当 50% 的企事业单位错时到 9:00、另外 50% 的企事业单位错时到 9:30 上班后，早高峰出行量将降低 7.03%，见图 3-20。

方案四：当 40% 的企事业单位错时到 9:00、另外 60% 的企事业单位错时到 9:30 上班后，早高峰出行量将降低 9.62%，见图 3-21。

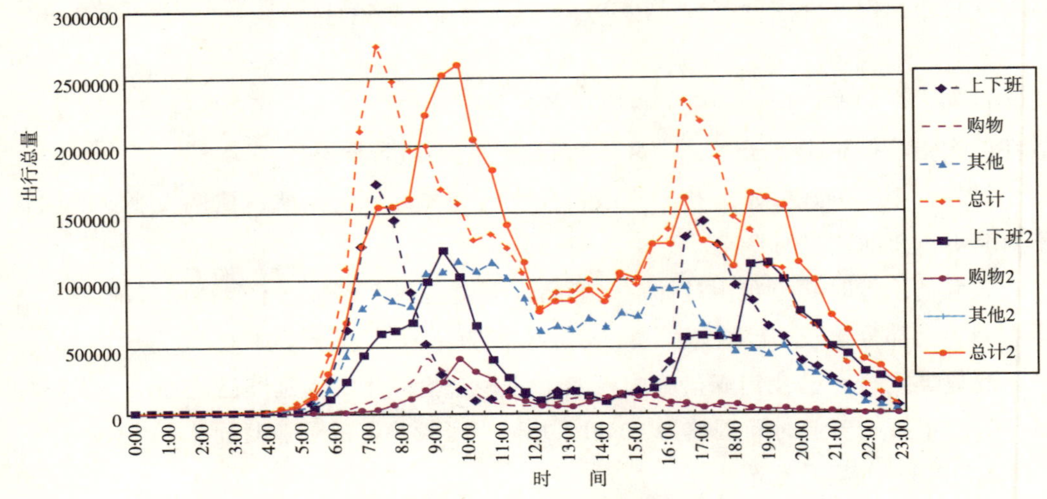

图3-18 70%错时到9:00后出行总量随时间分布变化图

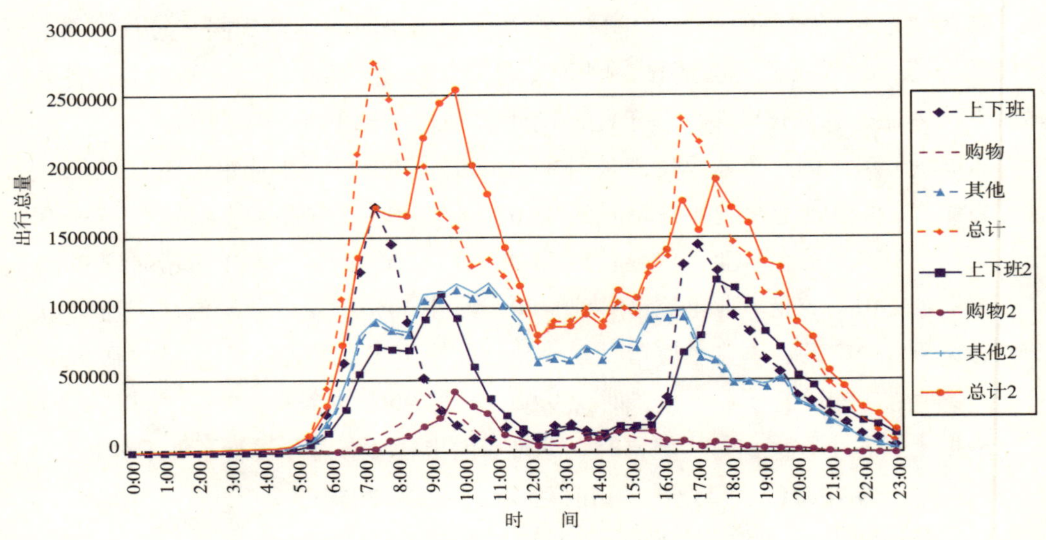

图3-19 60%错时到9:00后出行总量随时间分布变化图

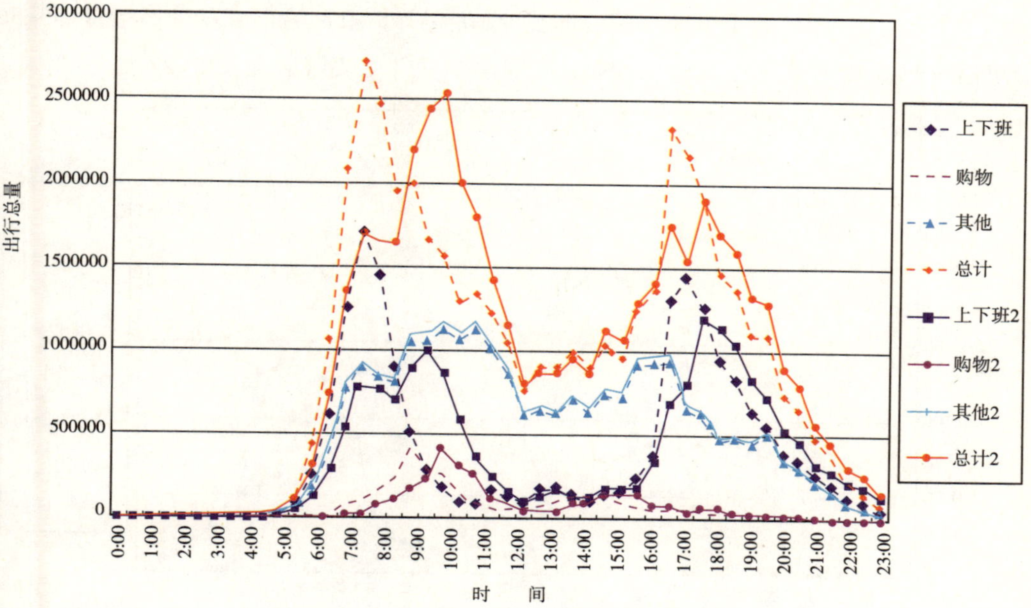

3000000
2500000
2000000
1500000
1000000
500000
0
出行总量
0:00
1:00
2:00
3:00
4:00
5:00
6:00
7:00
8:00
9:00
10:00
11:00
12:00
13:00
14:00
15:00
16:00
17:00
18:00
19:00
20:00
21:00
22:00
23:00
时　间
上下班
购物
其他
总计
上下班2
购物2
其他2
总计2

图3-20　50%错时到9:00后出行总量随时间分布变化图

3000000
2500000
2000000
1500000
1000000
500000
0
出行总量
0:00
1:00
2:00
3:00
4:00
5:00
6:00
7:00
8:00
9:00
10:00
11:00
12:00
13:00
14:00
15:00
16:00
17:00
18:00
19:00
20:00
21:00
22:00
23:00
时　间
上下班
购物
其他
总计
上下班2
购物2
其他2
总计2

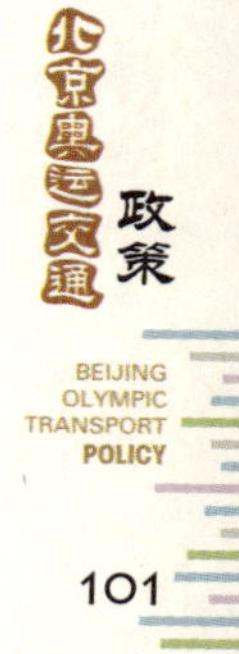

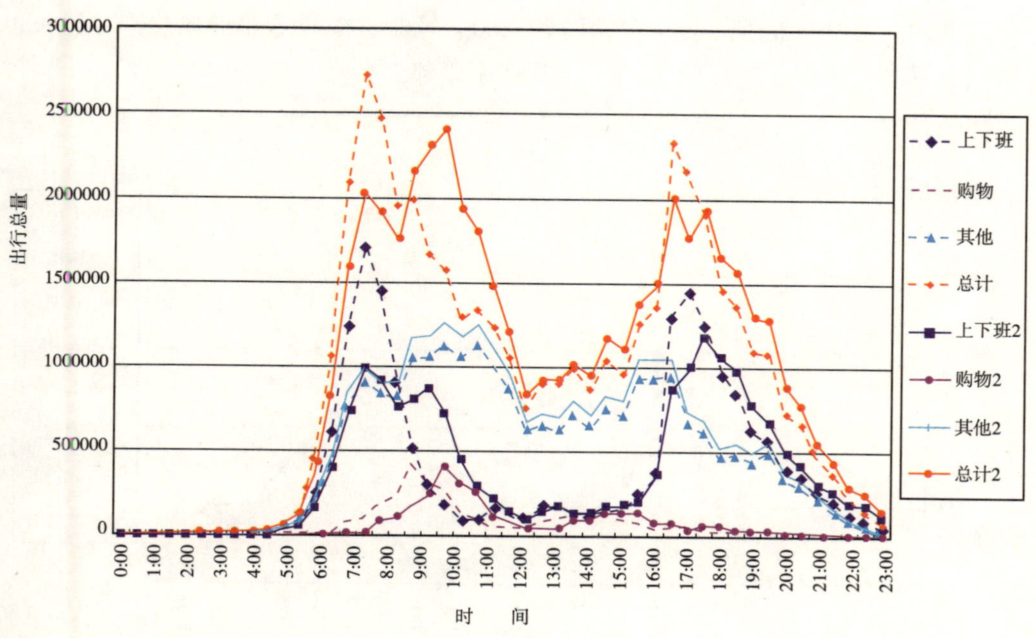

图3-21　40%错时到9:00后出行总量随时间分布变化图

方案五：当 30% 的企事业单位错时到 9:00、另外 70% 的企事业单位错时到 9:30 上班后，早高峰出行量将降低 12.2%，出现两个紧邻的高峰，见图 3-22。

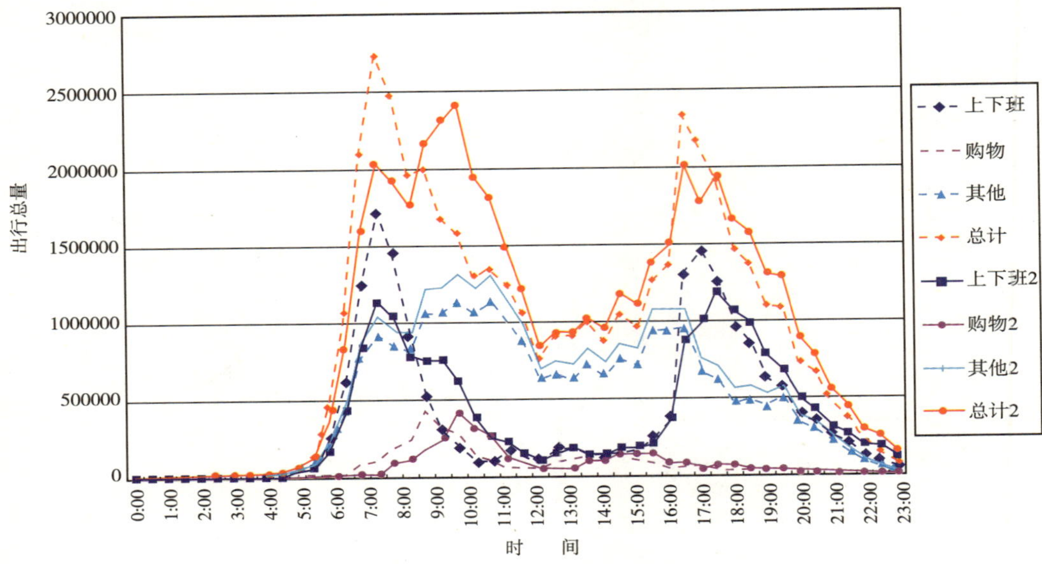

图3-22 30%错时到9:00后出行总量随时间分布变化图

方案六：当 10% 的企事业单位错时到 9:00、另外 90% 的企事业单位错时到 9:30 上班后，早高峰出行量将降低 7.3%，出现两个紧邻的高峰，见图 3-23。

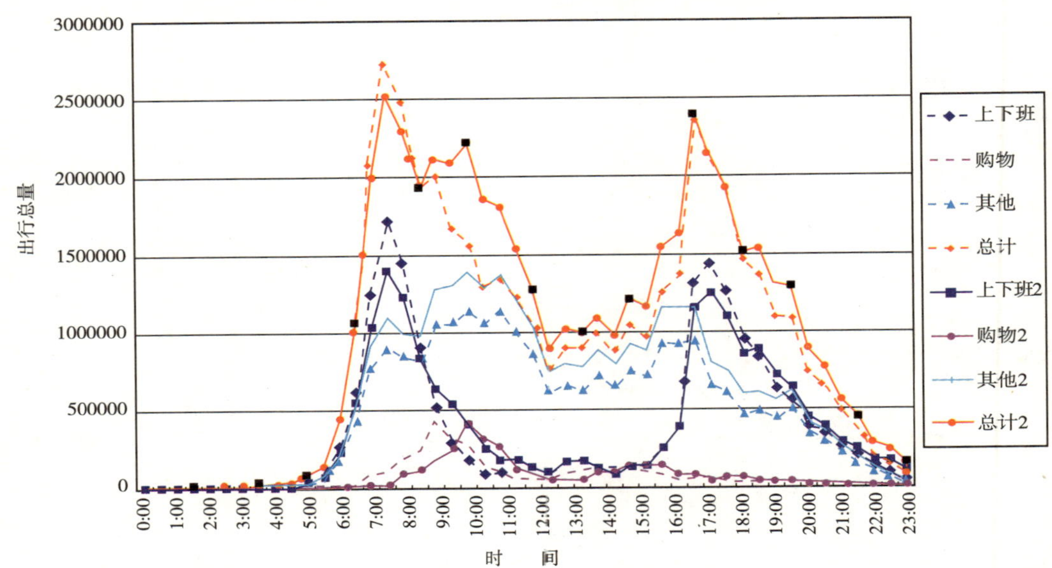

图3-23 10%错时到9:00后出行总量随时间分布变化图

根据上述分析可知，较少的企事业单位或较多的企事业单位错时到 9:00 上班都不能保证效果达到最优。只有保证一部分企事业单位错时到 9:00，另外一部分企事业单位错时到 9:30 上班后，才能使早高峰出行量明显降低。进一步分析发现，约 25% 的企事业单位实施了错峰上下班后达到了较好效果，高峰小时出行量将降低约 14%，同时将出现存在时间间隔的两个高峰，不同的方案比较错峰削减比例见图 3–24。

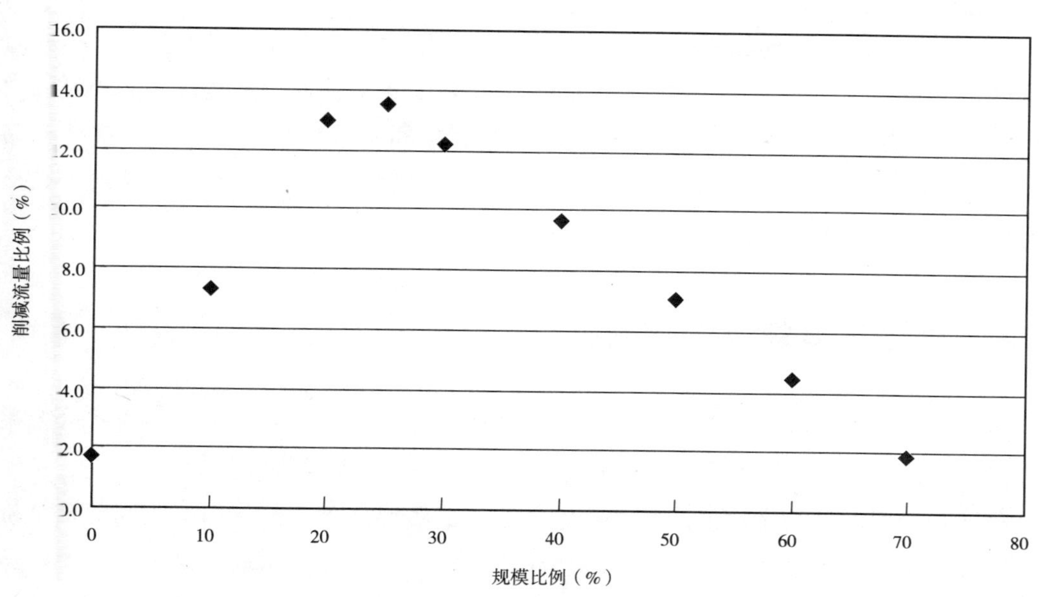

图3–24　错时到9:00的规模比例和削减流量比例图

在进行技术分析之后，需从实际操作层面来看各方案实施的可行性。从实施角度来说，只有从现有性质来推行此项措施，才能保证措施的实施。

鉴于目前由北京市国资委监管的企业只 61 家，在岗人数为 60 多万人，其中保障城市运转和服务的企业有 15 家，约 37 万人，对此 37 万人进行管理更便于操作。因此结合技术分析，方案六相对而言更具有可行性，即将北京市国资委监管企业的 37 万人的上班时间错时到 9:00，其他企事业单位错时到 9:30。

3.8.4　方案效果预测

3.8.4.1　错时后各时段人员比例

错时后，上下班时间不变的占 30%，包括中央在京党政军机关和北京市各级党政机关、学校、保障城市运转和服务的企业等。

错时后，上下班时间调整的占 70%，其中，上班延后半小时的占 7%，主要是北京市国资委监管的除保障城市运转和服务外的企业；上班延后 1h 的占 63%，主要是市、区属事业单位及城镇集体企业、央企及中央事业单位、其他经济单位（含民营、个体等）。

3.8.4.2　错时后交通状况分析

错时上下班后会起到削峰填谷的效果。实行错时上下班后，据测算，早高峰时段将延长 1h，由 7:00 ~ 9:00 调整为 7:00 ~ 10:00，晚高峰时段将延长半个小时，由 17:00 ~ 19:30 调整为 16:30 ~ 19:30。因奥运会期间削减机动车总量后，预计道路交通流量将减少 26%；公共交通早晚高峰时段集中客流将适当错开，可缓解公共交通特别是轨道交通的乘车拥挤程度。

3.9　外地过境货车绕行措施

为了践行"绿色奥运"理念，全面兑现奥运环保承诺。北京市和周边省区市采取了严格的大气污染控制措施，以确保奥运会空气质量明显改善。

针对货车污染物排放量高是影响空气质量的重要因素，但货运车辆同时又是确保城市基本运行不可或缺的交通工具等情况，需对货运车辆采取差别化政策。对运输城市生产生活必需品的车辆通过发证予以通行，对其他车辆，特别是外地过境货车采取绕行措施，如图 3-25 和图 3-26 所示。

（1）自 2008 年 7 月 1 日 0:00 起至 9 月 20 日 24:00 止，除运送鲜活农产品的"绿色通道"车辆和持有北京市核发的进京通行证件的车辆外，其他进京外地货运机动车（含载货汽车及挂车、拖拉机、低速载货汽车、三轮汽车），需绕行 112 国道。

（2）112 国道全线禁止核定总质量 40t（不含）以上的货运机动车通行。上述车辆需过境北京的，可选择其他路线绕行。

（3）北京、天津、河北、山西、内蒙古等省、自治区、直辖市公安机关交通管理部门根据道路和交通流量的具体情况，制订绕行 112 国道的货运机动车管理措施并予以公告。

丹拉高速181km
前往北京货运车由
此绕行张石高速

丹拉高速150km
前往北京货运车由
此下路绕行112国道

京承高速51km
前往北京货运车由
此绕行承秦公路

宣大高速211km
前往北京货运车由
此绕行张石高速

京沈高速156km
前往北京货运车由
此绕行唐津高速

京沈高速258km
前往北京货运车由
此绕行沿海高速

京珠高速77km高碑店下
路口前往北京西北方向货
运车由此下路绕行112国道

京珠保津互通
前往东北方向
货车绕行保津高速

分流点

禁止五轴（含）以上或40t以上货车通行

图3-25　货车绕行路线示意图

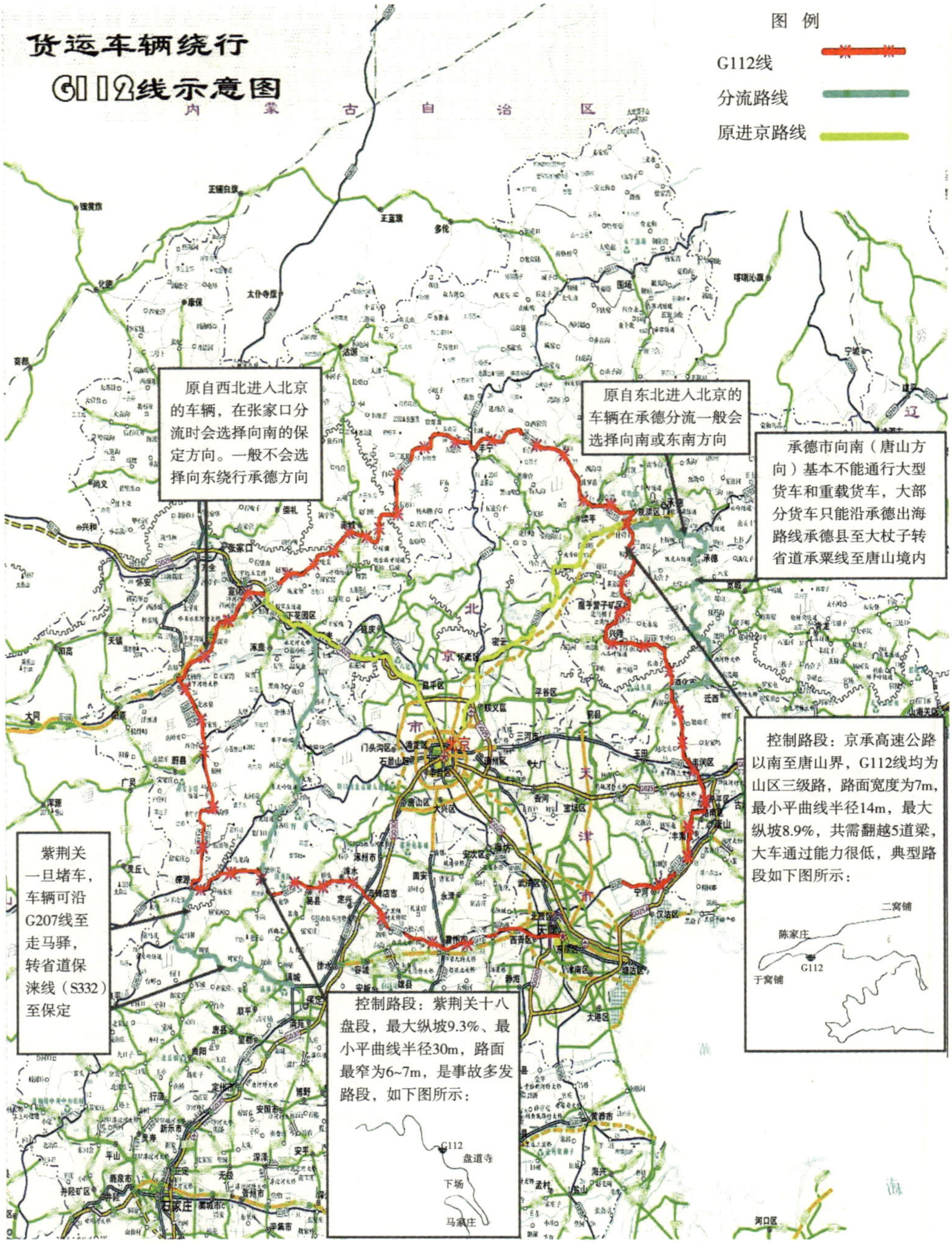

货运车辆绕行

G112线示意图

图 例

G112线

分流路线

原进京路线

原自西北进入北京的车辆，在张家口分流时会选择向南的保定方向。一般不会选择向东绕行承德方向

原自东北进入北京的车辆在承德分流一般会选择向南或东南方向

承德市向南（唐山方向）基本不能通行大型货车和重载货车，大部分货车只能沿承德出海路线承德县至大杖子转省道承粟线至唐山境内

控制路段：京承高速公路以南至唐山界，G112线均为山区三级路，路面宽度为7m，最小平曲线半径14m，最大纵坡8.9%，共需翻越5道梁，大车通过能力很低，典型路段如下图所示：

二窝铺

陈家庄

G112

于窝铺

紫荆关一旦堵车，车辆可沿G207线至走马驿，转省道保涞线（S332）至保定

控制路段：紫荆关十八盘段，最大纵坡9.3%、最小平曲线半径30m，路面最窄为6~7m，是事故多发路段，如下图所示：

G112

盘道寺

下场

马家庄

图3-26　货车绕行112国道路线示意图

3.10 其他配套政策措施

为配合交通需求管理政策的实施，政府还出台了一系列人性化的配套措施，作为主要政策的补充，以最大限度地降低交通需求管理措施对市民正常生活的干扰。这些措施主要包括对停驶车辆减征车船使用税、减征公路养路费等。

3.10.1 减征车船税

3.10.1.1 减征范围

根据《2008 年北京奥运会残奥会期间北京市交通保障方案》的有关规定，享受减征车船税的车辆范围是 2008 年 9 月 20 日（含）之前在北京市车辆管理部门办理登记手续并且在 7 月 1 日 ~ 9 月 20 日期间停驶的机动车。

3.10.1.2 减征标准

所有停驶机动车均减征 2008 年度 7、8、9 三个月的应纳税额。其中：大型客车减征 150 元；中型客车减征 135 元；小型客车减征 120 元；微型客车减征 75 元；载货汽车、专项作业车、轮式专用机械车按自重每吨减征 24 元；三轮汽车、低速货车按自重每吨减征 15 元；摩托车减征 30 元。

对于 2008 年 7 月 1 日（含）起新购的机动车，自车辆登记之日起，按月减征自登记当月至停驶月止的车船税。

3.10.1.3 实施时间

2008 年车船税依据《北京市车船税税目税额表》规定正常征收，对停驶机动车的减征税款在缴纳 2009 年车船税时予以抵扣。其中，对于自 2008 年 7 月 1 日 ~ 12 月 31 日期间，申请退还因被盗抢、报废、灭失车辆车船税的，如符合停驶减征条件，在办理退税手续的同时，一并办理停驶减征税款的相关手续；对于过户车辆，减征税款一律在新车主申报缴纳 2009 年度车船税时予以抵扣。

3.10.1.4 办理方式

（1）单位纳税人应于 2009 年申报纳税期限内自行计算、抵扣并申报缴纳税款。

（2）个人纳税人应于 2009 年申报纳税期限内，持机动车行驶证及上年车船税完税凭证到地税机关设置的征收窗口或代收代缴网点抵扣并申报缴纳税款。

3.10.2 减征养路费

（1）按照交通保障方案，对下列机动车减征 2008 年度 7、8、9 三个月的养路费：

① 按单双号行驶的所有社会机动车。

② 被禁止行驶的黄标车及其他机动车。

（2）按照《交通保障方案》，下列机动车不享受减征养路费政策，仍按有关规定征收养路费：

① 按照《交通保障方案》规定不受单双号行驶措施限制的机动车。

② 持北京奥组委核发的有效奥林匹克运动会专用车辆证件的机动车和持市公安交通管理部门核发、认定保障城市正常运转通行证的机动车。

③ 违反《交通保障方案》限行规定，擅自上路行驶的机动车。

（3）减征养路费按以下规定办理：

① 所有机动车仍按养路费征收规定全额缴纳 2008 年养路费，待缴纳 2009 年养路费时抵扣应减征的养路费。

② 2008 年 7 月 1 日 ~ 12 月 31 日期间发生注销、停驶、转籍、丢失及扣押等异动状况的机动车，在办理相应养路费手续时，一并办理应减征养路费的退费手续。

③ 本市内过户的机动车，由新机动车所有人缴纳 2009 年养路费时抵扣应减征的养路费。

④ 欠缴养路费时段包括奥运会和残奥会期间的，机动车所有人在 2009 年补缴所欠养路费时剔除应减征的养路费。

⑤ 2008 年 7 月 1 日 ~ 9 月 30 日期间新增的机动车，从 2008 年 10 月 1 日起开始征收养路费。

机动车所有人不愿先行缴纳 2008 年度 7、8、9 三个月养路费的，可于 2008 年 7 月 19 日前到北京市公安交通管理部门办理机动车停驶手续，并持机动车停驶凭证到北京市路政养路费征稽部门办理养路费停征手续。

4 交通政策实施及效果

4.1 政策宣传

2008 年 6 月，北京市政府、公安部、交通运输部和环境保护部联合下发《2008 年北京奥运会残奥会期间北京市交通保障方案》后，围绕"绿色出行、绿色奥运"、"服务奥运、兑现承诺"的主题，北京市开展了广泛的宣传活动，为奥运交通管理政策的实施营造了良好的社会氛围。

一是通过各种媒体和渠道，向广大市民宣传机动车排放物对空气质量的影响，机动车削减、黄标车禁行、外地客货车限制等措施对减少污染物排放及营造宜居环境和畅通交通的益处，引导社会各界平静接受单双号限行交通政策，使社会各界广泛接受和支持限行政策。

二是向广大市民发出公开信，倡议市民在北京奥运会和残奥会期间减少驾驶机动车出行，多采用乘坐公共交通工具、骑自行车、步行等出行方式。

三是通过平面媒体、广播、电视、网络和手机短信等进行立体式、大范围的交通宣传，发布交通路况和环境、交通预报、提供交通信息服务等。奥运会期间，为了让广大市民更方便快捷地乘坐公共交通观看赛事，在《北京晚报》、《北京晨报》、《新京报》等媒体开辟了专栏，提前向广大市民宣传如何乘坐公共交通观看比赛，为广大市民观看比赛提供了极大的便利。同时，利用北京交通网网络平台，全面发布交通出行信息，为社会提供权威、准确的查询渠道。北京交通网连续 16 天开辟专栏刊发《明日出行提示》，网站日点击率高达 165 万次。

四是号召广大市民结合"迎奥运、讲文明、树新风"、"我参与、我奉献、我快乐"

活动，开展文明行车、文明乘车、文明出行，遵守交通秩序等一系列文明建设活动，积极创造良好的交通环境。

以上宣传工作的实施，为各项奥运交通需求管理政策的实施营造了平稳的舆论环境和社会氛围，确保了各项政策的稳步实施。

4.2 政策实施效果

4.2.1 交通专项调查

奥运会期间，为掌握奥运会交通服务和城市交通有关交通运行数据，为奥运会后综合评价、评估各项交通需求管理政策的实施效果，北京交通部门借鉴中非论坛北京峰会和“好运北京”综合测试赛期间交通调查的经验，在奥运会期间开展了居民入户调查、道路核查线流量调查、公交车承载率调查、出租车调查、街访问卷调查、网络调查、浮动车速度调查专项调查，积累了大量的原始数据资料（图 4-1）。

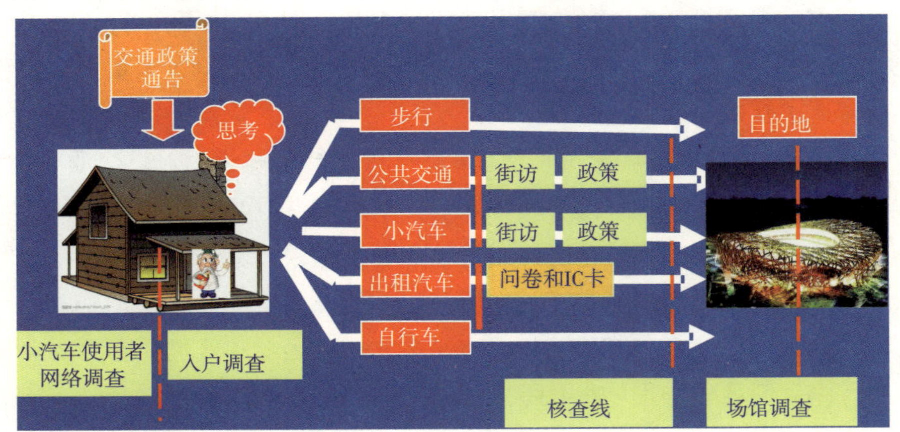

图4-1 奥运会期间交通专项调查

4.2.2 政策实施总体效果

各项奥运交通需求管理政策显现了效力，保障了赛事交通和城市社会交通的和谐运转，兑现了申奥交通承诺，实现了“让国际社会满意、让各国运动员满意、让人民群众满意”的目标。国际奥委会奥运会执行主任吉尔伯特·费利说：“历届奥运会的交通都是困扰组织者的最大难题，但北京的交通工作非常出色。”

4.2.2.1　政策的综合性

面对奥运会巨大的交通压力，在有限的土地资源条件约束下，单纯靠增加交通供给已无法满足交通需求。奥运会举办城市的经验表明，从交通需求角度考虑解决大型赛事交通问题的思路已经得到了普遍认同。交通需求管理主要是从出行产生、分布、交通方式选择和流量时空分布四个方面入手，使交通供需达到相对平衡，保证城市交通系统的可持续发展。北京奥运会的相关交通需求管理政策见表4–1。

表4–1　北京奥运相关交通政策

政策和措施	作　　用
错时上下班，鼓励弹性办公、网上办公	减少出行，调节出行的时间分布
控制机动车使用	减少小汽车出行，调节出行结构，缓解交通拥堵
加大公共交通保障力度	提高公共交通吸引力，提供替代出行工具，调节出行结构
奥林匹克专用道	为奥运持证车辆提供服务

4.2.2.2　政策可操作性

奥运会期间的交通需求管理政策和措施涉及城市交通运行的各个环节，与市民的正常生活息息相关。因此，各项政策必须具备可操作性，既要考虑实施难度，还要考虑社会公平性。

（1）实施难度。

奥运交通措施涉及技术措施（施画奥运专用道）、经济手段（持证人员和持票观众免费乘坐公共交通，减征车船税和养路费）、法律手段（北京市人大常委会特别授权北京市政府制订行政措施）和行政措施（机动车单双号行驶，各级党政机关、企事业单位、社会团体以及其他经济组织错时上下班，各级单位带头停驶机动车达本单位车数的70%，发放城市保障用车通行证）。此次奥运交通实施措施多，且机动车单双号上路行驶等措施都是首次大规模实施，涉及范围广，可借鉴经验不多，在实施层面上具有一定的难度。

（2）社会公平性。

交通需求管理政策涉及小汽车限行、黄标车停驶，对小汽车使用者和货运行业造成了一定的影响。为了最大限度地减小社会影响，北京市出台了一个家庭拥有两辆单号车或双号车，可以换领牌照；每天0:00 ~ 3:00，不分单双号，车辆均可上路行驶；对停驶的车辆，免征三个月的车船税和养路费等人性化保障措施。同时发放货运通行证，保证城市生产生活必需品的运输与供应。

4.2.2.3　政策的接受程度

机动车按单双号行驶等交通需求管理措施是在奥运会这一特定背景下实施的。奥运会是中国人民的百年梦想，举办一届“有特色、高水平”的奥运会是全世界华人的共同心愿。因此，针对奥运会期间的各项交通需求管理措施，北京市民均表示了不同程度的支持。机动车单双号限行获得的支持率为 88.3% ~ 98.9%，错时上下班获得的支持率为 68.2% ~ 81%，商场推迟营业时间的支持率较低，为 30.8% ~ 38.7%。

4.2.2.4　政策实施总体效果

（1）与政策实施前相比，道路交通流量下降了 23%。从表 4–2、图 4–2 中可以看到，机动车总量在限行的两个时期都有大幅下降，在奥运会前限行期间表现最为明显，机动车总量的下降比例为 32.57%，由于奥运服务车辆正式投入使用，奥运会期间车流量则有所回升，但与常规调查结果相比仍然下降了 22.6%。

限行期间，小客车、大货车、小货车、非公交大客车、摩托车都有不同程度的下降。奥运会期间，整体机动车流量下降贡献度最大的是小客车，下降幅度为 34.2%。

在机动车整体流量下降的同时，出租车流量在奥运赛时有明显增加，与限行前相比增长 33.57%，与限行的奥运会前期相比增长 26.13%。

表4–2　各车型总量及变化幅度对比表

车型		时期			对比		
		奥运会期间（辆）	奥运会前期（辆）	2008年常规（辆）	奥运会期间与前期相比变化（%）	奥运会期间与2008年核查线相比变化（%）	奥运会前期与2008年核查线相比变化（%）
小客车		700499	635813	106～4575	10.17	−34.20	−40.28
出租汽车	空载	59735	48819	41072	22.36	45.44	18.86
	载客	185979	145992	142887	27.39	30.16	2.17
	总和	245714	194811	183959	26.13	33.57	5.90
公交车	单机	25012	23037	23899	8.57	4.66	−3.61
	铰接	17040	14749	11179	15.53	52.43	31.93
大货车		8684	7179	20401	20.96	−57.43	−64.81
小货车		8258	9664	19078	−14.55	−56.71	−49.34
大客车(非公交)		23078	14584	32106	58.24	−28.12	−54.58
摩托车		3706	2557	5160	44.94	−28.18	−50.45
机动车总量		1139313	991839.6	1471020	14.87	−22.55	−32.57
全部标准车		1180283	1030425	1514949	14.54	−22.09	−31.98

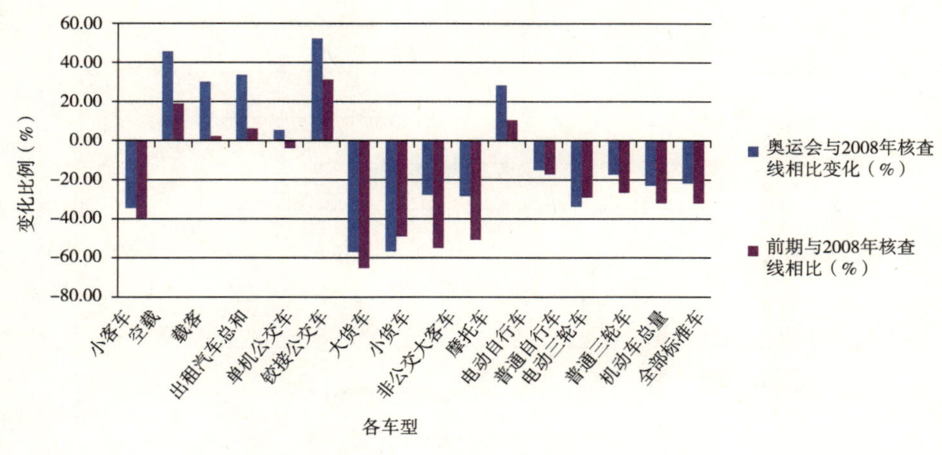

图4-2　各车型变化比例图

车辆限行期间，车型比例变化明显，小客车所占比例下降 11 个百分点，如表 4-3 和图 4-3 所示。

表4-3　车型比例构成变化表

车　型	2008年核查线	奥运会前期	奥运会期间
小客车	72.40%	64.10%	61.50%
出租汽车	12.50%	19.60%	21.60%
单机公交车	3.20%	4.60%	4.40%
铰接公交车	3.00%	5.90%	6.00%
大货车	2.80%	1.40%	1.50%
小货车	1.60%	1.20%	0.90%
大客车　（非公交）	4.40%	2.90%	4.10%
摩托车	0.10%	0.10%	0.10%

在车型比例构成的分析中，小客车所占比例减小，从限行实施前占总流量的 72.4% 到措施实施后的 64.1%，再到奥运会期间的 61.5%，整个过程中，小客车比例下降了 10.9%；与此同时，出租汽车上路行驶总量比例提高了 9%，其中主要变化的是载客出租车所占的比例，从原来的 9.7% 到奥运会期间的 16.3%。

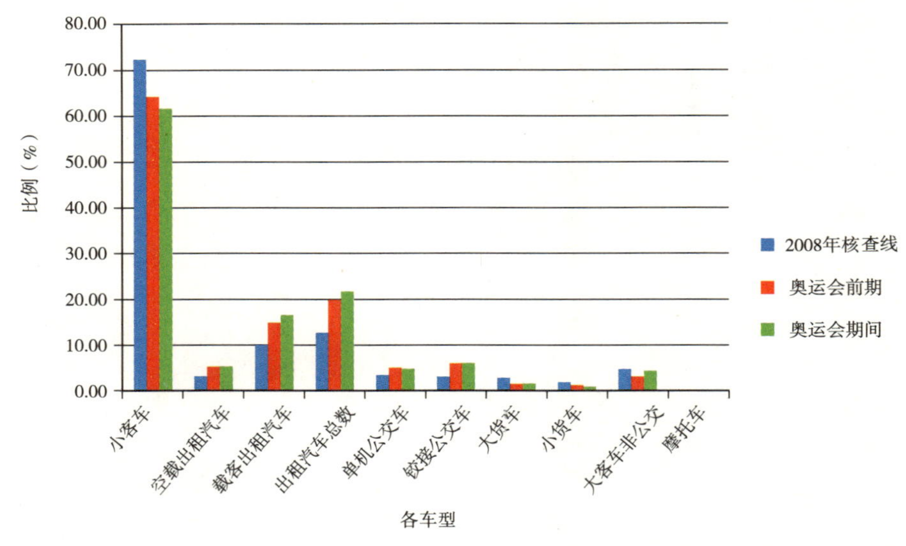

图4-3　车型比例构成变化图

另外，道路交通流高峰相比平时后移 1h，如图 4-4 所示。

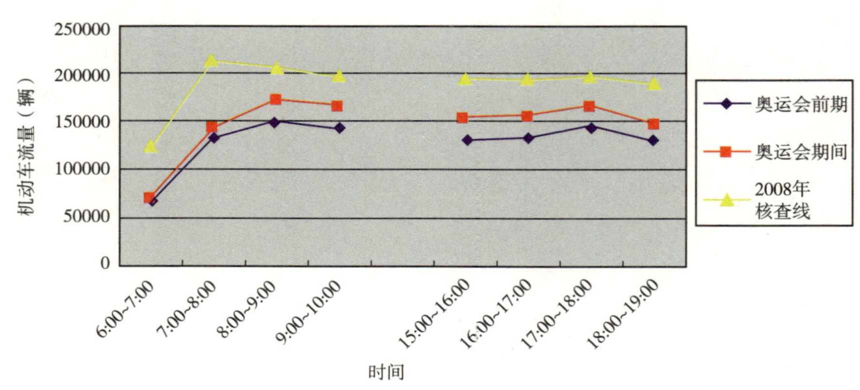

图4-4　机动车流量变化趋势图

根据调查路段上 8h 中各时间段的变化情况，2008 年一般工作日流量最高峰出现在 7:00 ~ 8:00，晚高峰并不明显；奥运会期间及奥运会前的流量高峰一般出现在 8:00 ~ 9:00，而晚高峰相对常规状态表现更加明显，出现在 17:00 ~ 18:00，随后车流有大幅下降。

（2）路网运行：拥堵指数为 2.45，早高峰路网平均速度为 30.2km/h，比限行前提高了 6.7km/h（28.5%）。

奥运会及残奥会期间交通拥堵指数分别为 2.45 和 3.22，与机动车单双号行驶前相比有明显改善；各等级道路拥堵里程比例明显减小。其中，奥运会期间路网早晚高峰严重拥堵里程比例分别下降 6.1 和 6.8 个百分点，残奥会期间分别下降 4.4 和 5.4 个百分点；受交通拥堵影响，时间由单双号限行前的 5 小时 45 分钟下降为 0 小时。

① 从总体拥堵程度来看，奥运会和残奥会期间，交通拥堵指数分别为 2.45 和 3.22；与单双号限行前相比，路网运行状况得到明显改善，处于“畅通”等级。

根据路网运行状况将拥堵程度划分为五级，即非常畅通、畅通、轻度拥堵、中度拥堵和严重拥堵，并分别对应一定的拥堵指数。

从日交通拥堵指数变化可以看出，单双号限行前工作日路网运行处于“中度拥堵”或“轻度拥堵”等级；2008 年 7 月 20 日后工作日多处于“畅通”等级，其中 8 月 8 日和 8 月 24 日（奥运会开、闭幕式当天）路网交通运行顺畅，皆为“非常畅通”等级；自中小学开学以来，工作日交通拥堵指数有所上升，除个别工作日外，总体仍处于“畅通”等级，如图 4-5 和图 4-6 所示。

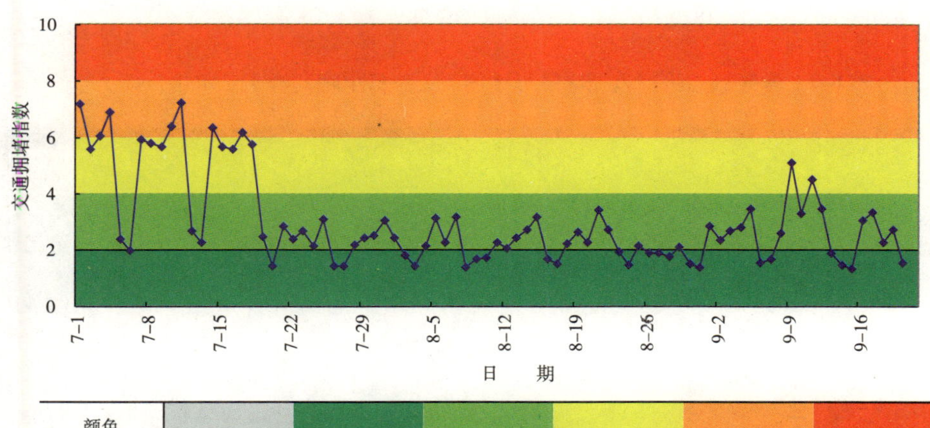

颜色						
拥堵级别	无数据	非常畅通	畅通	轻度拥堵	中度拥堵	严重拥堵
拥堵指数	—	[0, 2]	(2, 4]	(4, 6]	(6, 8]	(8, 10]

图4-5　日交通拥堵指数变化（2008年7月1日～9月20日）

② 从交通拥堵空间分布来看，与机动车单双号行驶前相比，奥运会和残奥会期间各等级道路拥堵里程比例明显减小。其中，奥运会期间路网早晚高峰严重拥堵里程比例分别下降 6.1 和 6.8 个百分点，残奥会期间分别下降 4.4 和 5.4 个百分点。

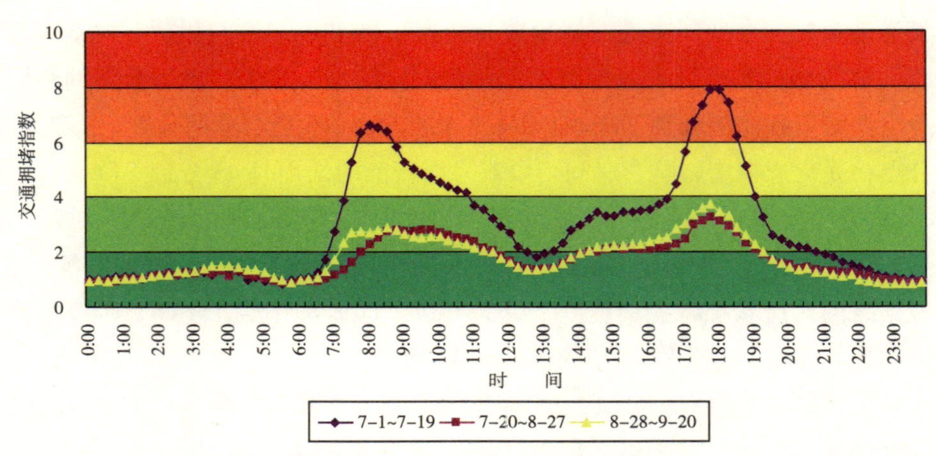

图4-6　各阶段工作日分时段交通拥堵指数

总体来看，自机动车单双号行驶以来，路网各等级道路早晚高峰严重拥堵里程比例和拥堵里程比例（含严重拥堵、中度拥堵和轻度拥堵等级）皆呈现明显下降趋势，残奥会期间较奥运会期间拥堵里程比例有所增加，运行状况轻微恶化，见表 4–4。

表4–4　各等级道路严重拥堵里程比例（工作日早晚高峰）（单位：%）

道路等级	7月1日～7月19日		8月8日～8月24日		9月6日～9月17日	
	早高峰	晚高峰	早高峰	晚高峰	早高峰	晚高峰
快速路	9.5	11.6	2.9	4.9	4.3	6.4
主干道	13.2	16.7	5.2	7.9	7.4	9.6
次干道及支路	6.9	8.6	3.1	4.0	4.6	5.1
路网	10.1	12.6	4.0	5.8	5.7	7.3

注：其中，早高峰为7:00～9:00，晚高峰为17:00～19:00。

③ 从交通拥堵时间分布来看，奥运会和残奥会期间路网整体未出现交通拥堵状态，交通拥堵时间由机动车单双号行驶前的 5h45min 下降为 0h。

④ 总体来看，奥运会和残奥会期间交通运行顺畅，与机动车单双号行驶前相比，奥运会赛事期间路网早、晚高峰速度分别提高了 26.9% 和 22.8%，残奥会期间分别提高了 16.9% 和 19.6%。

为保障奥运会及残奥会的顺利进行，在北京道路网部分路段上施画了奥林匹克专用道，致使二环路、四环路等通行能力下降；临时交通管理措施对奥林匹克中心区周边及相关道路影响较大，如安立路、北辰东路、北辰西路、安立路—仰山桥等；除受恶劣天气的影响外，其他绝大部分道路行驶畅通。

在机动车单双号行驶、黄标车停驶、错时上下班等奥运交通保障政策措施的联合作用下，奥运会和残奥会期间各等级道路运行速度明显提高。与单双号行驶前相比，奥运会期间工作日早晚高峰路网平均速度分别提高 26.9% 和 22.8%。受中小学开学的影响，残奥会期间运行速度有所降低，但工作日早晚高峰路网平均速度仍比单双号行驶前分别提高 16.9% 和 19.6%。

在部分单位放假等交通保障措施的作用下，2008 年 8 月 8 日（奥运会开幕式当天）路网整体运行十分顺畅。其中，早、晚高峰路网平均速度达到 35.4km/h 和 31.0km/h，均为实施各奥运交通保障政策措施以来工作日的最高值，见表 4–5。

表4–5　五环路内工作日道路速度情况（单位：km/h）

类别	早高峰			晚高峰		
	7月1日～7月19日	8月8日～8月24日	9月6日～9月17日	7月1日～7月19日	8月8日～8月24日	9月6日～9月17日
快速路	39.6	29.8	27.5	34.8	25.4	24.8
主干道	25.8	44.2	41.2	22.4	37.6	36.9
次干道和支路	22.1	28.5	26.2	19.8	23.8	23.5
全路网	27.0	24.1	22.0	23.8	21.2	20.2

⑤ 从速度跟踪监测结果来看，单双号行驶后各等级道路运行速度显著提高，2008 年 8 月 28 日单双号行驶范围的缩小（至五环路内）并未显著影响北京市区路网的整体运行情况。受中小学开学的影响，残奥会期间路网速度小幅回落，但仍保持在较高的运行水平上，如图 4–7 所示。

⑥ 从运行速度时间变化来看，奥运会和残奥会期间路网早高峰出现时间向后延迟约半小时，全日高峰时段与平峰时段的速度差异显著减小，“削峰填谷”的效果明显，如图 4–8 所示。

⑦ 从运行速度空间变化来看，奥运会和残奥会期间受拥堵影响区域明显减小，主要集中在奥林匹克公园和其他赛事场馆周边，受赛事活动安排的影响，晚高峰比早高峰拥堵严重，如图 4-9 所示。

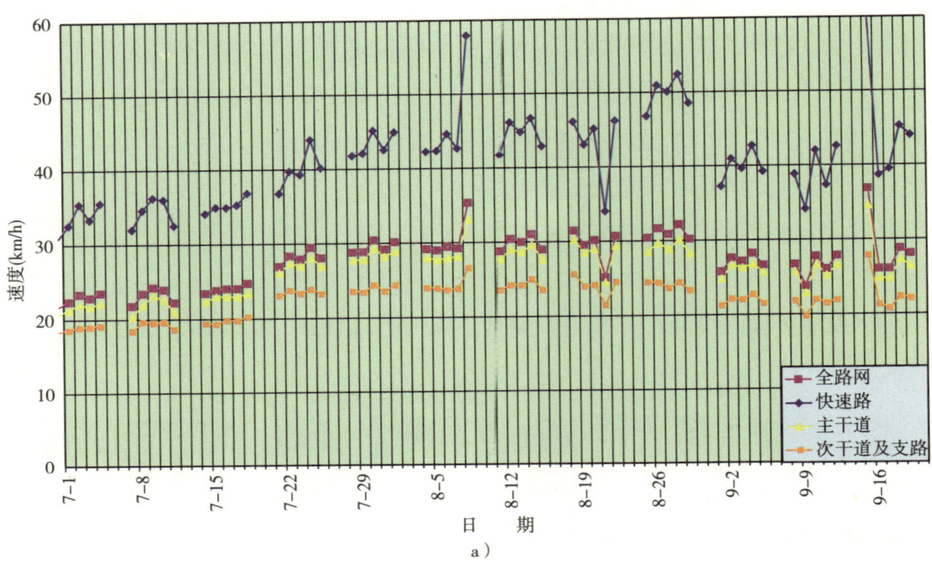

a）

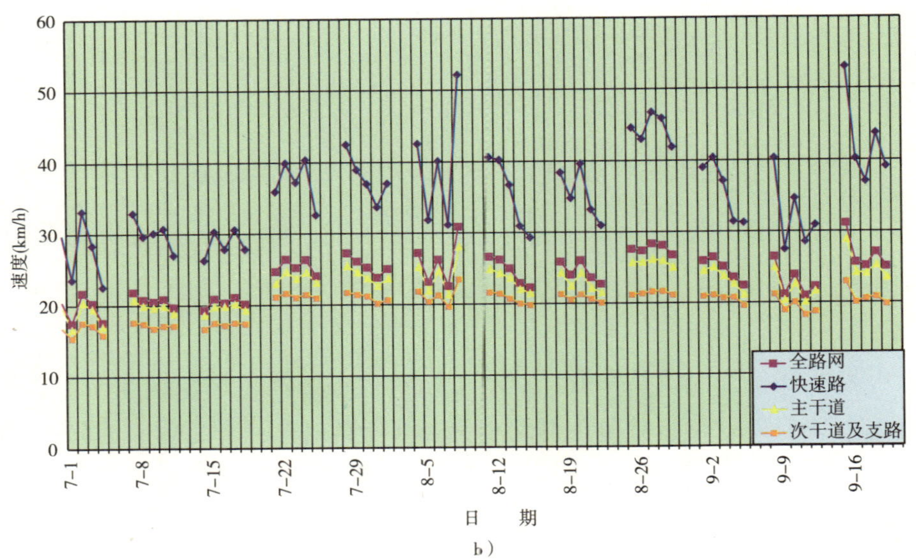

b）

图4-7 各等级道路早晚高峰速度跟踪监测图（工作日）

a)早高峰；b)晚高峰

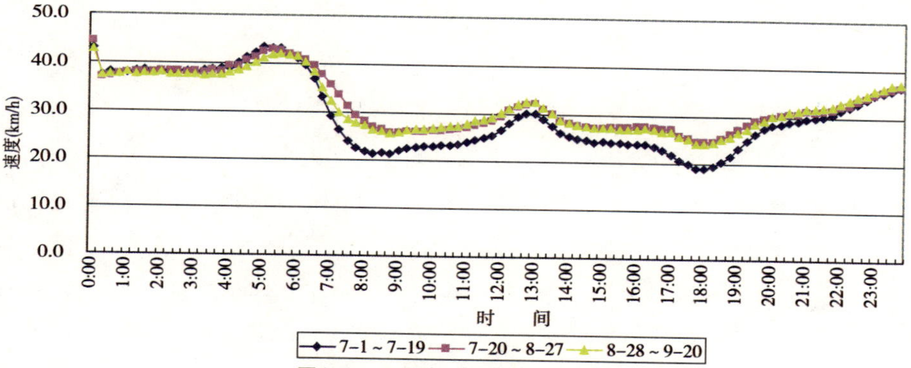

50.0
40.0
30.0
20.0
10.0
0.0
速度(km/h)
0:00
1:00
2:00
3:00
4:00
5:00
6:00
7:00
8:00
9:00
10:00
11:00
12:00
13:00
14:00
15:00
16:00
17:00
18:00
19:00
20:00
21:00
22:00
23:00
时　间
7-1 ~ 7-19
7-20 ~ 8-27
8-28 ~ 9-20

图4-8　五环路内路网速度对比图

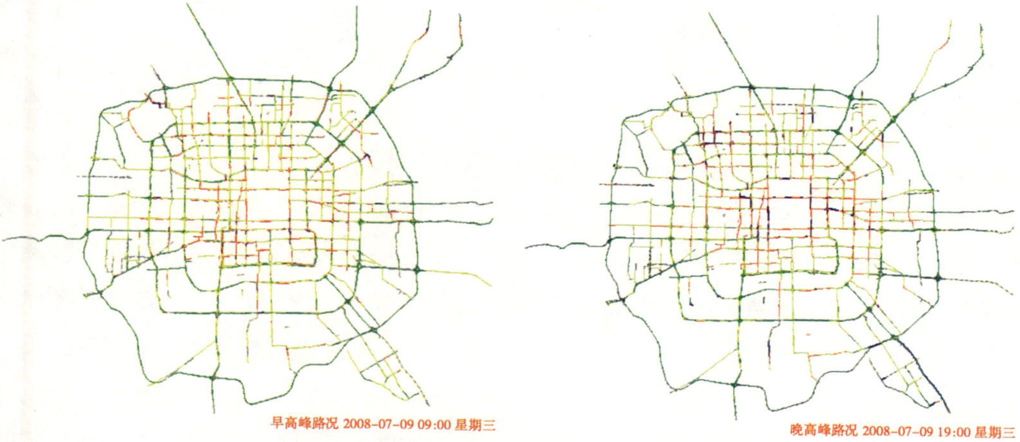

早高峰路况 2008-07-09 09:00 星期三
晚高峰路况 2008-07-09 19:00 星期三

a）

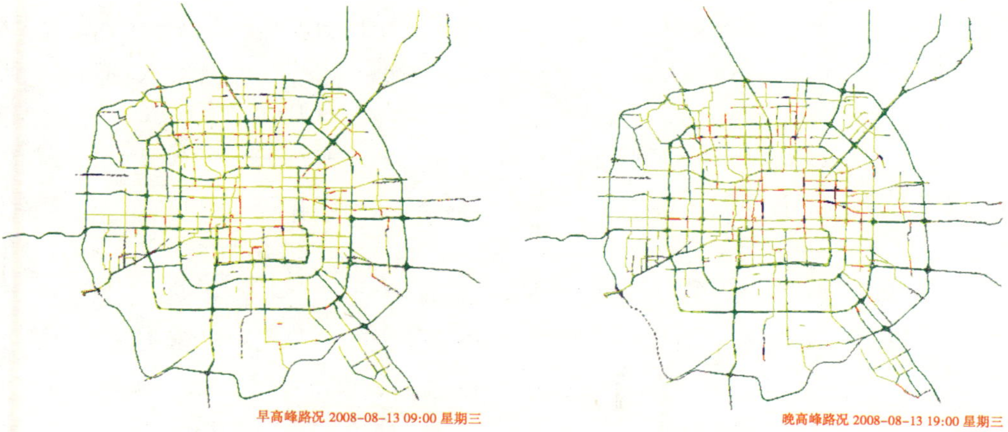

早高峰路况 2008-08-13 09:00 星期三
晚高峰路况 2008-08-13 19:00 星期三

b）

图4-9　五环路内道路早晚高峰速度图（工作日）

a）7月9日早晚高峰；b）8月13日早晚高峰

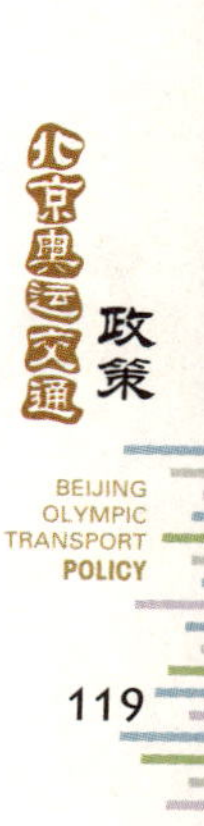

（3）拥堵报警。拥堵报警比机动车限行前下降 90.6%。

（4）事故报警。事故报警比机动车限行前下降 53.1%。

（5）客运量：地面公交每日运送乘客 1313.5 万人次；地铁日均运送乘客 395.1 万人次，增长 45.5%；出租汽车日均运送乘客 222.2 万人次，较机动车限行前提高 18% 左右。

（6）出行结构。与机动车限行前相比，公共交通（公交和地铁）出行比例达到 45% 以上。

（7）市民反应：93% 的被访者感觉奥运会期间道路交通更畅通；约半数公共交通乘客认为公交和地铁的服务水平有提高。

4.2.3 政策实施对居民出行影响

各项交通政策和措施对居民出行行为的影响，包括出行次数、出行的交通方式选择（开小汽车、乘坐公交、步行、自行车、搭车等）、出行路径的选择等，从而改变居民的出行特征，达到削减道路交通流量，缓解交通拥堵的目的。因此，居民出行行为的改变是实现降低道路交通流量，提高运行速度的前提。本小节根据奥运会期间开展的居民入户调查结果，分析各项交通措施对居民出行的影响。

4.2.3.1 居民出行总量

实施交通需求管理措施后，全市总出行率由 1.87 次 / 日减少为 1.7 次 / 日，降幅为 9%。有车户在机动车限行政策实施后驾车出行率下降明显。

通过措施前后出行率的比较，有车户出行率变化最为明显，由 1.9 次 / 日减少为 1.61 次 / 日，下降幅度为 15.3%。无车户出行率仅减少 5.4%，如图 4-10 所示。

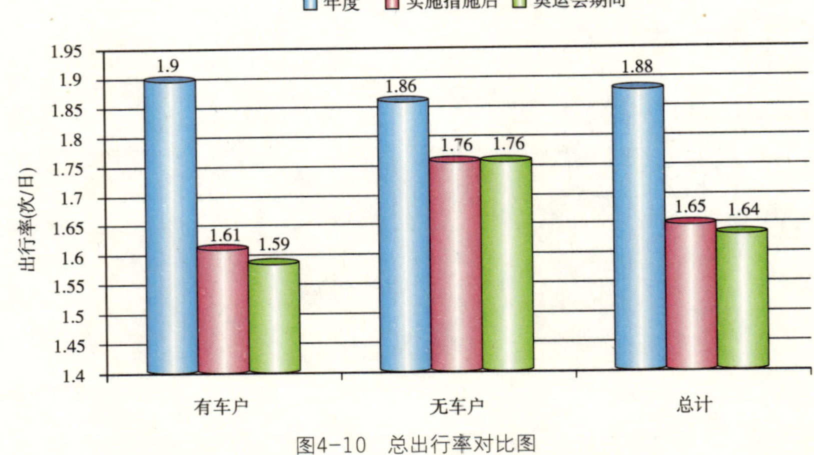

图4-10 总出行率对比图

实施机动车限行措施后，机动车出行比例大幅下降，有车户下降较为明显，无车户受影响较小，具体情况如图 4-11 所示。

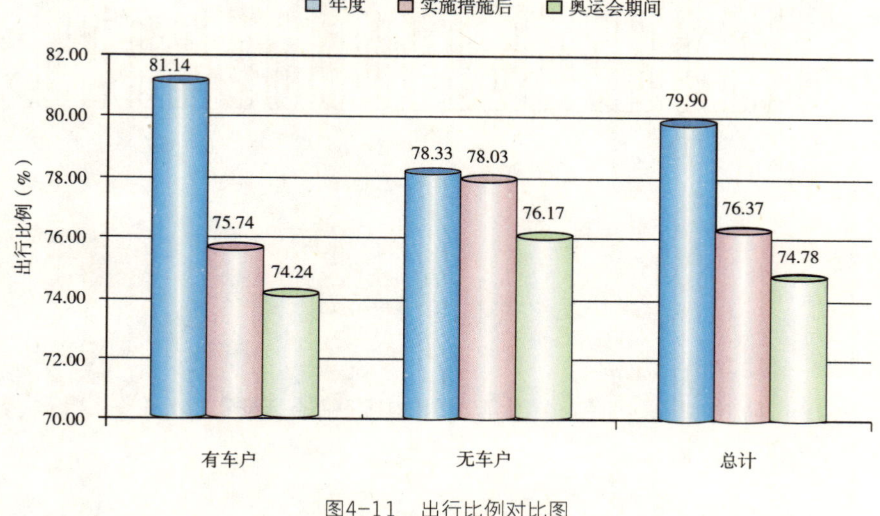

图4-11　出行比例对比图

实施交通需求管理措施后，不受限有车市民日出行次数为 1.76 次 / 日，受限有车市民日出行次数为 1.58 次 / 日，如图 4-12 所示。

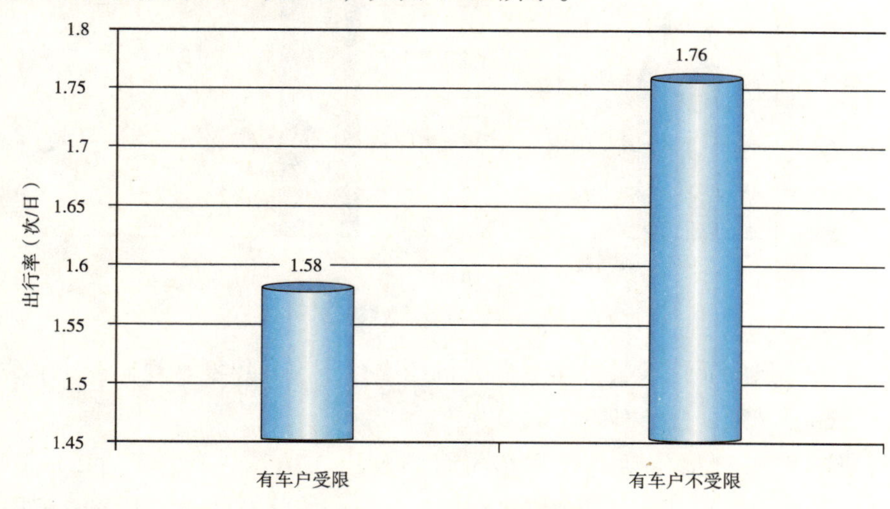

图4-12　有车户出行率比较图

由于奥运会期间鼓励弹性工作及休假等，故不同职业人群出行率呈现不同变化：学生由于放假，出行率明显下降；工人、科技人员、普通职员出行率有所下降；专职驾驶员、军人、警察由于执行公务，出行率有所增加，如图 4-13 所示。

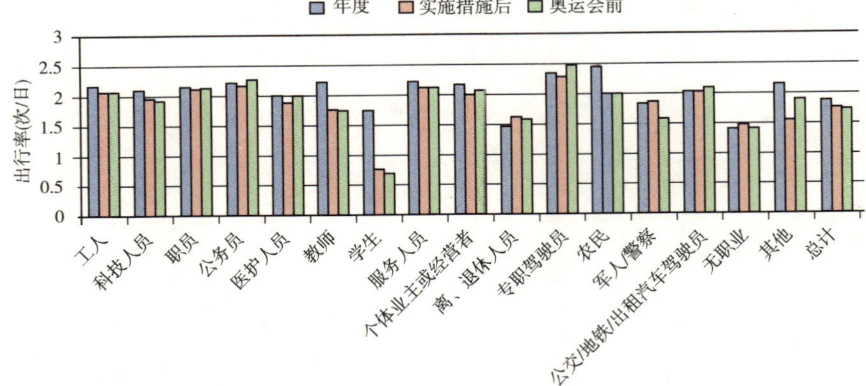

图4-13　不同职业人员总出行率对比图

4.2.3.2　机动车出行次数

机动车出行强度总体下降，其中私家车出行略有下降，公务车出行次数增加25% 以上，如图 4-14 所示。

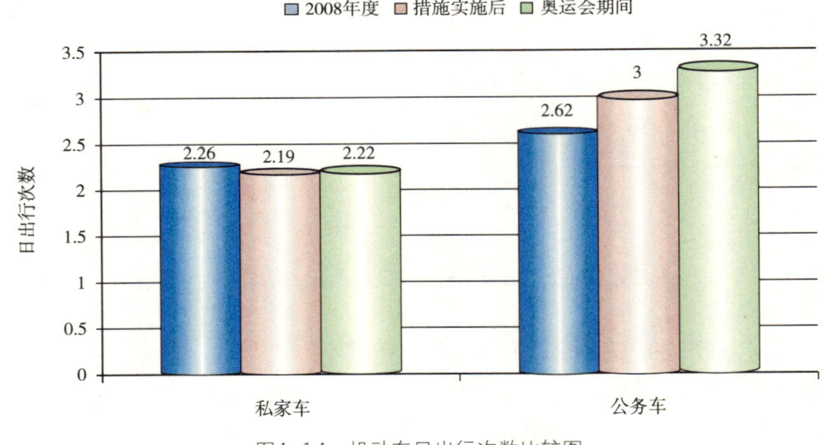

图4-14　机动车日出行次数比较图

私家车出行强度要低于公务车专职司机的出行强度，年度常规调查中私家车出行强度为 2.26 次 / 天，公务车为 2.62 次 / 天。

实行机动车限行措施后，私家车出行强度由 2.26 次 / 天，降为 2.19 次 / 天，降幅为 3.1%。公务车出行强度由 2.62 次 / 天，增加为 3.32 次 / 天，增长幅度为 26.7%，这与奥运勤务出行增加有关。

4.2.3.3　出行结构

实施机动车限行措施后，有车户小汽车出行方式向公共交通转移，出行结构明显优化。

（1）有车户出行方式转移情况。采取机动车限行措施后，有车户出行方式会向公共交通方式转移，主要为公共交通，其次为出租汽车和自行车方式，转移到步行方式的相对较少，如图 4-15 所示。

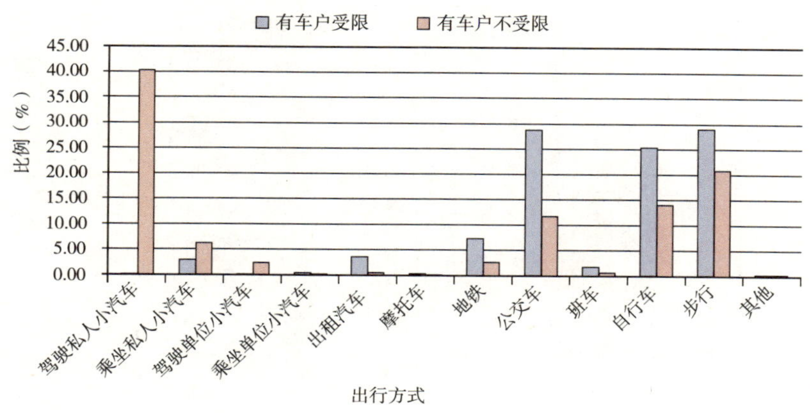

图4-15　有车户受限和不受限出行方式比较图

（2）公交出行比例由 2008 年上半年的 35% 提高到 45%，小汽车出行比例下降近一半，其他出行方式如地铁、出租汽车、自行车略有上升。

经过综合分析，奥运会期间和 2008 年上半年的出行方式如图 4-23 所示。

2008 年上半年六环路内日均出行总量为 3436 万人次（含步行），奥运会期间日均出行总量为 3090 万人次（含步行），总出行量减少 10.1%。

公共交通（轨道交通 + 公共汽电车）比例由上半年的 35% 提高到 45%，增长 10 个百分点；小汽车出行比例由 33.5% 下降到 18.5%，如图 4-16 所示。

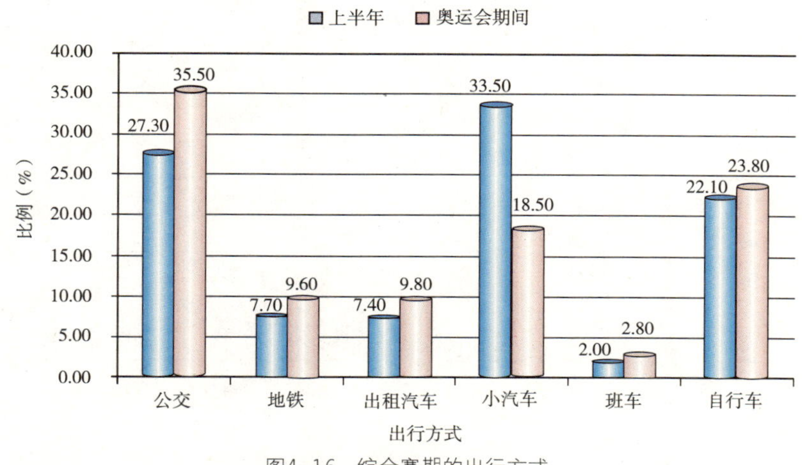

图4-16　综合赛期的出行方式

4.2.3.4　通勤出行比例

交通需求管理措施实施后，通勤比例上升，接送人和工作外出目的出行明显减少，如图 4-17 所示。

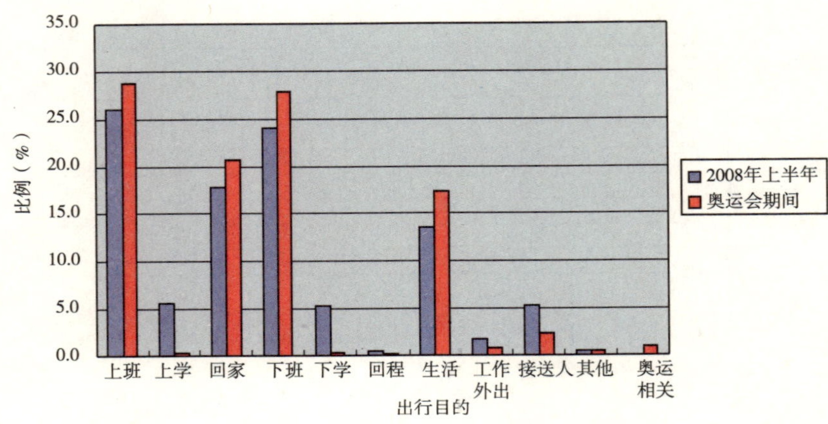

图4-17　错时前后出行目的比较

4.2.3.5　出行时长

居民出行时长总体下降，由于路网运行速度提高等因素，早晚高峰时段小汽车和地面公交方式的出行时长约下降 5 ~ 8min；赛时乘坐地铁时长下降可达 10min 以上。

通过交通需求管理措施实施前后，早晚高峰各种方式的出行时长对比，可以看出，小汽车、地铁、公交的出行时长都有所下降，自行车和步行方式基本维持不变，如图 4-18 和图 4-19 所示。

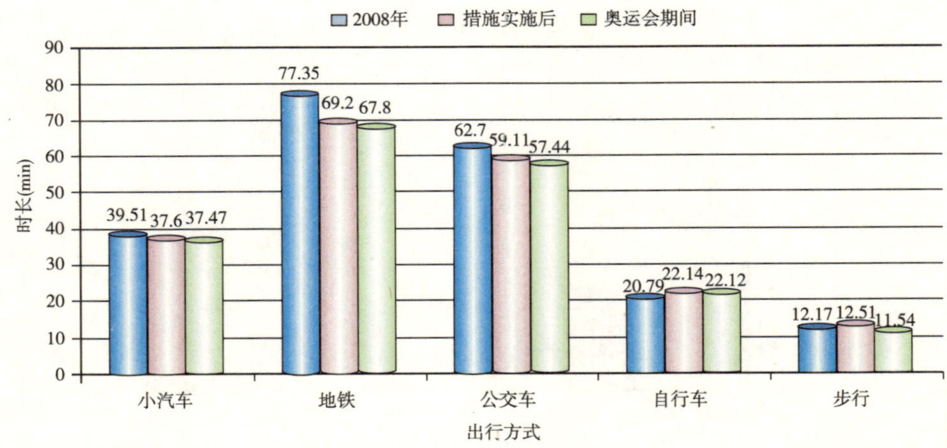

图4-18　交通需求管理措施实施前后早高峰出行时长对比图

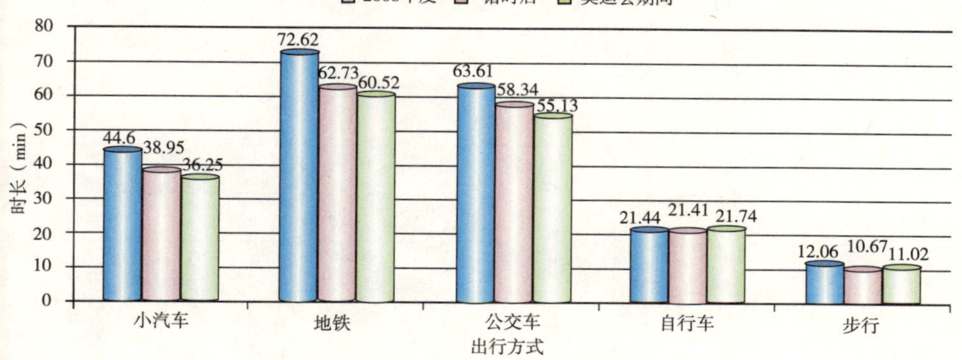

图4-19　错时前后晚高峰出行时长对比图

4.2.3.6　出发时间

错时上下班政策实施后效果明显，早高峰时间后移并延长，但早高峰削峰效果不明显；晚高峰略有下降。

出发高峰时间从 7:00 ~ 8:00，后移和错峰到 7:00 ~ 9:00，高峰出行有所减缓，如图 4-20 所示。

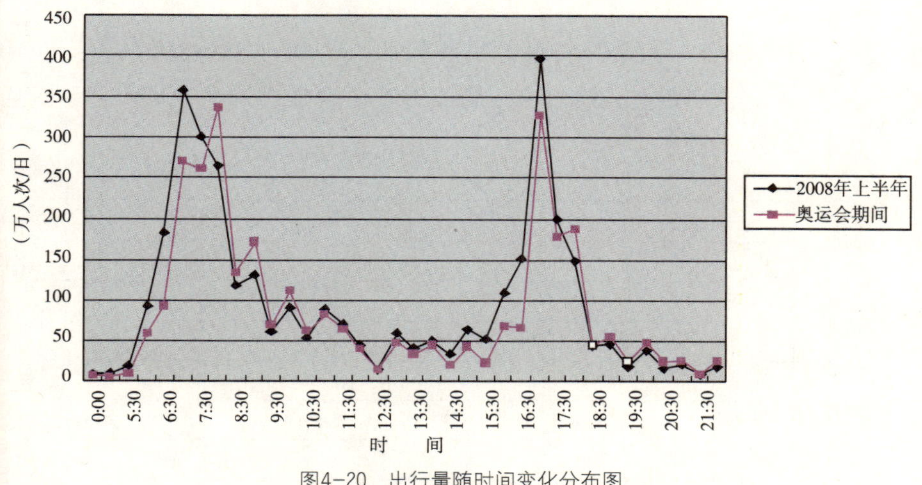

图4-20　出行量随时间变化分布图

4.2.4　各项政策知晓度分析

奥运会期间，各项政策在市民中知晓度效果较好，机动车单双号行驶知晓度达100%。电视是最主要的宣传途径，对于未来交通政策的宣传媒体可主要考虑选择电视、报纸和网络等市民熟悉的途径。

在各项措施实施之初，都进行了广泛的宣传。机动车单双号行驶的知情度最高，几乎 100% 被访者都知道单双号限行措施。其次是奥林匹克专用道和错时上下班，其知晓度都在 80% 以上，如图 4–21 所示。

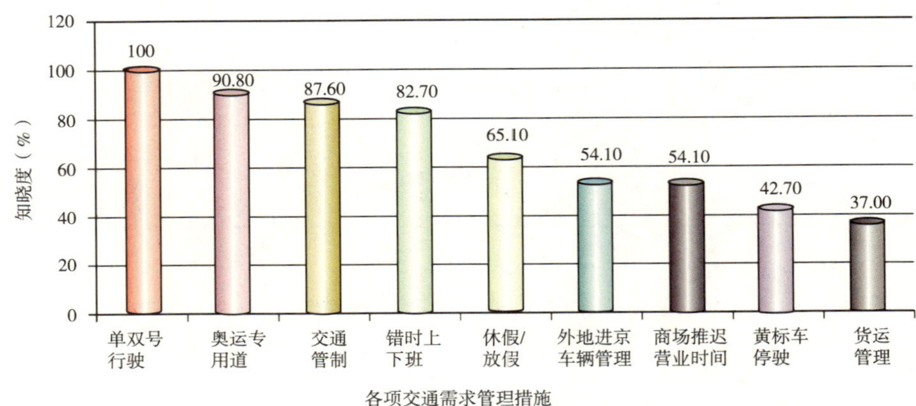

图4–21　奥运会期间各项交通需求管理措施的知晓度

4.2.5　各项政策贡献度分析

机动车单双号行驶，对道路畅通的贡献最大，86.9% 的被访者认为道路畅通的原因是实施了机动车单双号行驶。5.9% 的被访者认为是错时上下班对道路畅通的影响最大，如图 4–22 所示。

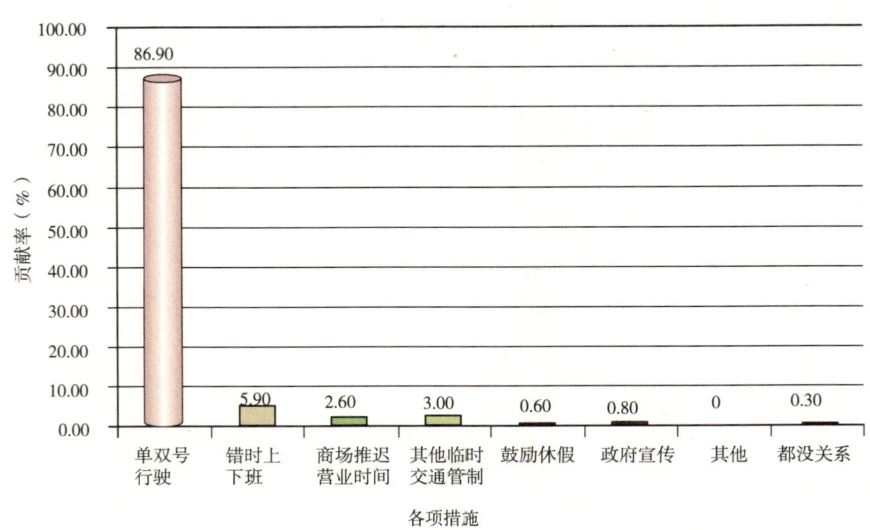

图4–22　各项交通需求管理措施对道路畅通的贡献率分析

4.2.6 各项政策支持率分析

机动车单双号行驶得到了社会的普遍认可，支持率达 90% 以上。机动车限行、错时上下班、黄标车停驶等措施可考虑在奥运会后长期实施。

88.3% 的小汽车使用者支持机动车单双号行驶措施，此外黄标车停驶和错时上下班措施，均获得 60% 以上的支持率。支持度最低的是大型商场推迟营业时间措施，仅有 30.8% 的支持率，如图 4–23 所示。

98.9% 的公共交通乘客支持机动车单双号限行措施，该比例高于小汽车使用者对单双号的支持率。错时上下班获得 81% 的支持率，位列第二。位列最后的依然是大型商场推迟营业时间，其支持率为 38.7%，如图 4–24 所示。

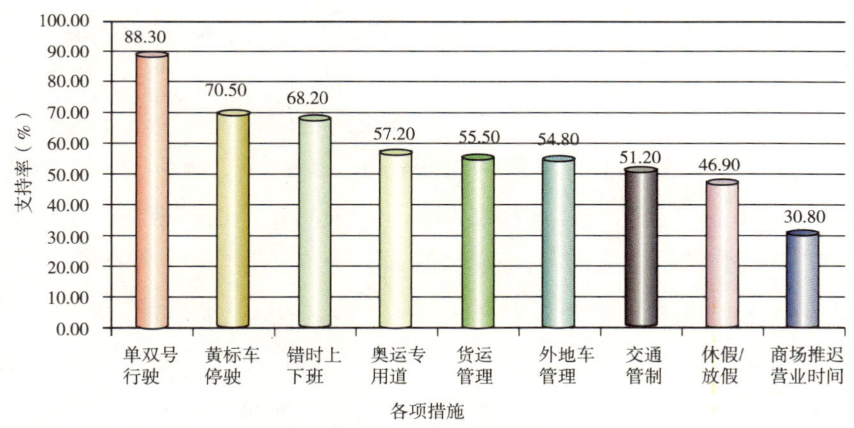

图4-23 各项交通需求管理措施的支持率分析——小汽车使用者

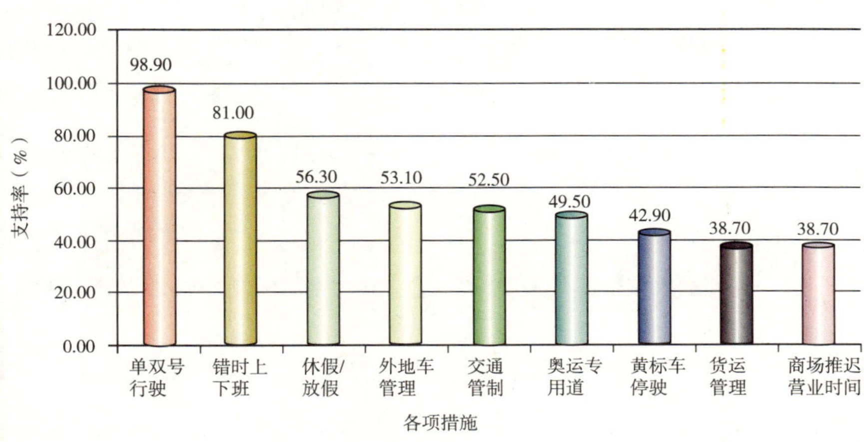

图4-24 各项交通需求管理措施的支持率分析——公共交通乘客

4.2.7 交通政策社会评价

4.2.7.1 市民反应

（1）市民反应平和。限行公告一发布，并没有引起大的轰动，北京市民是用一种平静和支持的态度来看待这一可能影响其生活的交通管理措施，许多人甚至认为，北京的交通拥堵问题迟早要解决，而奥运会也许正是最好的“试验”契机。同时，良好的奥运交通服务也符合国际惯例。

（2）94.8% 的被访者支持。根据北京市社情民意调查中心和《北京晚报》联合对奥运会期间单双号限行方案进行的电话调查显示，有 94.8% 的被访者支持奥运会期间机动车单双号行驶这一规定。而这一数据相比 2007 年“好运北京”综合测试赛后的调查数据上升了 5.9 个百分点。在 1000 多名受访者中，超过半数的人认为机动车单双号行驶能够“有效缓解交通压力，应当长期推广”。

（3）54.6% 的被访者选择公共交通。在本次调查中，表示机动车限行之后“将尽量选择地铁等公共交通工具”的受访者达到 54.6% 以上。超过 16.1% 的受访者将用传统工具自行车来应对限行，选择在不能开车时打车的受访者约有 6.9%。此外，有 1.1% 受访者表示为了保证出行，可能选择租一辆号码互补的小汽车在限行期间使用。为此，一些汽车租赁公司也看好了奥运会期间单双号限行的商机，专门制订了新价格表和租赁办法。在一家汽车租赁公司的新的租车办法上明确标出：自国家规定执行单双号政策开始至结束，非储值卡客户零租车辆以 48h 为 1 天，执行两天起租政策。价格上浮 50%……

（4）95.2% 被访者认为限行改善了环境。对于机动车单双号行驶的效果及影响，95.2% 的受访者都选择了“减少污染物排放，改善空气质量”，其成为提及率最高的一项答案；排在第二位的是“有效缓解交通压力，保障路面畅通”，其比例达到 88.8%；排在第三位的是机动车单双号行驶能够“提高人们的环保意识和公共文明程度”（84.1%）。奥运空气质量保障研究课题组专家曾表示，机动车尾气对北京空气污染的“贡献率”占到 40% ~ 50%。而机动车单双号行驶，让切身感受到空气质量有明显提升的民众，更加具体地意识到自己的行为给改善环境带来的好处。

4.2.7.2 媒体评价

1）国外媒体评价

奥运会期间，由于实行了机动车单双号行驶等措施，北京的交通拥堵问题得到了有效解决，道路通行能力大幅提高，国外媒体称赞北京交通组织出色。如美国《华盛顿邮报》指出，“这座城市出了名的交通拥堵现象几乎不见了。”英国《卫报》指出，“北京发生了脱胎换骨的变化，交通问题得到了根本解决。”英国《泰晤士报》也刊文说，“在最伟大的奥运会竞争中，北京冲到了前面。”其称赞北京奥运会组织有序，交通顺畅。

2）国内媒体等的调查

奥运会初期，北京市区主要道路车流量下降了25.1%。2008年7月，空气达标天数比2007年同期增加两天。2008年7月20日，北京市开始执行机动车单双号行驶政策以后，北京交通环境和空气质量明显好转。作为交通参与者的广大市民，经历了最初的适应阶段后，又怎样看待这项政策？《北京日报》与北京市社情民意调查中心联合对全市18个区县3098位居民进行调查发现，96.2%的被访者认为此举对改善北京的空气质量大有裨益，94.6%的人认为，要想从根儿上解决北京的交通问题，还得寄希望于更快捷舒适的公共交通工具。

（1）骑车、拼车、步行，北京人出行花样翻新。部分北京市民选择了自行车出行。选择自行车的原因很简单，“不会堵车，又锻炼身体。奥运快到了，咱也出把力”。

媒体调查发现，在所有被访者中，60.4%的人选择公共交通工具；24%的人选择机动灵活的自行车；7.3%的人步行；更有2.7%的人可以“不出门，在家办公”；“家里有两辆车，不受单双号限行影响”的被访者也占了2.7%；还有大约1.2%的人是思想灵活的有车族，他们通过“单找双，双找单”成了拼车族。此外，还有1.7%的被访者，选择了“其他”。为缓解公共交通压力，城市交通部门也作了安排：1.8万辆公交车为“单双号”分流乘客服务，地铁的运行间隔明显缩短，5号线、10号线一期（含奥运支线）、机场线3条地铁新线在机动车单双号行驶政策实施前均通车运行。

即便如此，增容的公交还是使一些“老客户”感到了一丝“不适应”：36.9%的人反映公交更挤了；34.4%的人表示地铁更拥挤了；18.3%的人觉得出租车不好打了；21.1%的人因为打车增加了支出；23.8%的人上下班时间更长了；还有36.9%平常就乘坐公交地铁出行的市民表示，并没有感受到明显的影响。

奥运会期间，北京市一度出现自行车火暴热销的现象。调查发现，在743名骑自行车出行的被访者中，有153人是因为限行才改骑自行车的。骑车人多了，便开始有人反映自行车在公交换乘点和单位附近不好存放。

（2）近九成被访者认为支持限行是“亲身支持奥运”。对于限行，绝大多数人都表示支持和理解。限行政策最大的目的不外乎两点：一是缓解交通拥堵，二是保证空气质量。随着人们环保意识的提高，91.9%的被访者认识到，限行有利于减少尾气排放，过低碳环保的生活；89.5% 的人认为这是“亲身支持奥运”的机会。

此外，单双号政策的实施，使一些“前卫”的单位干脆提倡员工在家办公。更多的单位选择了错峰上下班。对于机动车单双号行驶的意义，北京市民心里明白。这使他们能更理性地评价单双号政策：96.2% 的人认为这样做“对改善北京的空气质量有很大作用”；90.9% 的人认为“可以缓解城市交通压力，是解决交通拥堵的有效措施”。但在理解之余，还有不少被访者反映了不同的意见，例如，有人认为单双号不能根本解决交通拥堵状况，公共交通工具更拥挤等。

关注政策的人知道，当时执行的单双号政策，已根据市民的意见作了微调，如放开 0:00 ~ 3:00 的限制，为上夜班的市民解决后顾之忧。调查发现，94.6% 的人希望公共交通工具能更快捷舒适；77% 的人希望政府能硬性规定上下班错峰时间；59.5% 的人希望延长夜间单双号行驶的过渡期时间段；58.9% 的人希望保证出租汽车上路数量，以免有急事打不到车。

不少市民也坦言，单双号行驶措施确实给自己的生活带来一些不便，上下班、接送孩子、购物、聚会休闲等都受到一定影响。但被问到“如果以后一直按照目前单双号的措施执行，是否支持”时，61.7% 的被访者选择“支持”，明确反对的人只有 16.7%，还有 21.6% 的人未作明确的表态。

其实，交通拥堵已经成为世界上大城市普遍共同面临的课题。北京的交通问题怎么解决？在调查罗列出的 7 种选择中，得票最高的是“加大公共交通体系的建设”（85.2%）；其次是“加大路网建设”（74%）；排名第三的是“机动车单双号限行”（72.8%）。此外，分别是“在特殊路段或时间限制车上乘车人数量，提高车辆的使用效率”；实施燃油税；提高私车使用成本；提高购车门槛等。

4.2.7.3　单双号限行政策的意见和建议

奥运会期间，北京的机动车按照单双号行驶，由于车辆减少，交通更畅通了，尾气污染也减少了。有人提出，这种单双号行驶政策应当长期化，但是，同时也有人（主要是拥有机动车的人）反对这种做法。

对于北京机动车按照单双号行驶是否应当继续执行的问题，主要存在两种争议：一种是实体性争议，这种争议主要是围绕着按照单双号行驶的利弊关系而展开的，例如按照单双号出行是否真正有利于交通更畅通，是否有利于减少环境污染，是否会浪费资源等；另一种是在程序上的争议，即作为按照单双号行驶的决策，是否由行政自身来决定，还是应当交由市民讨论、立法机关作出决定，以及这种限行的决策是否损害了车主的私有财产使用权。

4.2.8 机动车单双号行驶效果

4.2.8.1 停驶车辆

奥运会期间，北京市机动车总量达到 330 万辆。除城市保障用车 13.62 万辆和奥运持证车辆不能停驶外，根据奥运会期间的交通保障方案，每日停驶机动车 195 万辆左右。

4.2.8.2 对道路畅通的作用

问卷调查显示，北京市民认为奥运会期间道路畅通的原因主要是机动车单双号行驶，其首选比例达到了 86.9%，是确保道路畅通的决定性因素。

4.2.9 错时上下班效果

4.2.9.1 错时上下班人数比例

奥运会期间，各级党政机关、教育行业和保障城市运转的企事业不实行错时上下班，剩下约 70% 的人执行了错时上下班制度。

奥运会期间，问卷调查数据显示，48% 的单位上班时间发生了改变，其中 36% 的单位上班时间推后，12% 的单位上班时间提前，如图 4-25 所示。

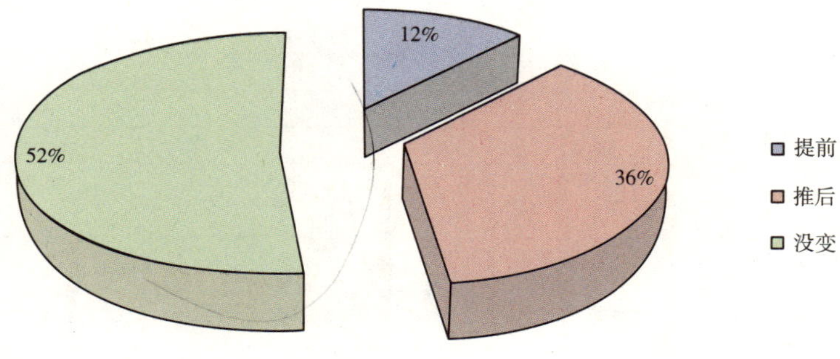

图4-25 奥运会期间单位上班时间变化

4.2.9.2 错时上下班效果分析

错时上下班使得居民上班高峰时段错开，高峰时段出行总量下降，达到了错时削峰的效果。70% 的市民建议长期实施该项措施。

实施错时上下班后，早高峰出行量出现了两个小高峰，即 7:30 和 8:30，且峰值有所下降，达到了错时削峰的目的。晚高峰时间没有发生变化，但出行量明显下降，如图 4-26 所示。

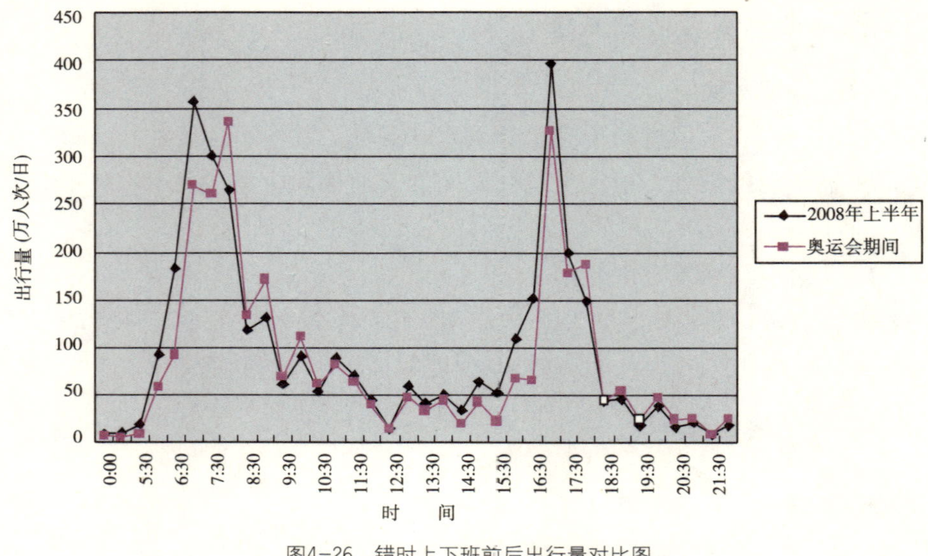

图4-26　错时上下班前后出行量对比图

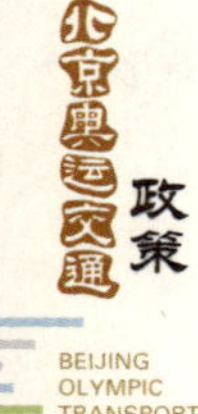

4.2.9.3　市民意见

奥运会期间，错时上下班获得的支持率为68% ~ 81%。68.5%的被访者支持在奥运会后长期实施错时上下班政策，这是获得支持率最高的措施，见图4-27。

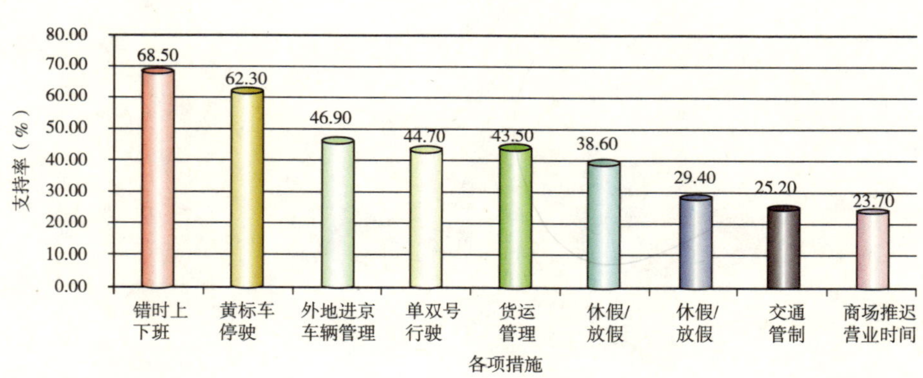

图4-27　奥运会后长期实施各项措施的支持率

若该项措施长期实施，可在奥运会期间错时方案的基础上，考虑北京市各级企业单位（包括国有和私企）共同实施错时上下班。在奥运会期间，没有强制规定大部分国企和私企的上班时间，采取鼓励措施和弹性工作制。错时上下班的目的是错开上班时间，达到削减高峰出行量的目的。错时上下班不能使所有单位上班时间都后错一小时或者半小时，这样只错时没有错峰。因此，错时上下班政策需要统筹各单位上下班时间，分开错时，达到错时又错峰的效果。

4.2.10　黄标车停驶效果

黄标车停驶，可使机动车尾气减排达到 50%，市民支持并建议长期实施。

4.2.10.1　停驶车辆数量

奥运会期间，北京市黄标车约为 40 万辆，根据奥运会期间交通保障方案，黄标车禁止在北京市行政区域内道路上行驶。针对货运车辆黄标车多（约占 80%）的实际情况，为了保障城市货运，采取用足绿标货车、持证车辆不受单双号限制、运送鲜活农产品车辆不分黄绿标上路行驶和按行业、按系统保障物资运输、设置公共服务窗口、建立“绿色车队”等措施，保障了奥运会期间城市正常运行的物资运输。共审核发证的货运保障车辆共 27000 多辆。

奥运会期间停驶的黄标车约为 37 万多辆，占全部停驶总量的 19%，但由于黄标车中货车比例约为 80%，平时进入市中心区也有限制，因而对奥运会期间道路交通流量的影响不大。奥运会期间，停驶黄标车的效果主要体现在空气质量的改善上。

4.2.10.2　效果分析

北京 2008 年 8 月在空气质量全部达标的基础上收获了 13 个一级天，比例达到 54%，空气污染指数大大低于 2007 年，污染物浓度比 2007 年同期降低了 20%以上，超过北京 10 年来单月一级天 9 天的最高纪录，更是远超夏季单月一级天 5 天的最高纪录。

在奥运会举办的 16 天里，一级天数达到 10 个，其比例达到 62.5%。奥运会开幕之前，外界对北京奥运会期间空气质量的种种质疑，随着蓝天白云的频频出现而烟消云散，兑现了关于奥运空气质量保障的承诺。

一辆黄标车的排放量相当于 28 辆国Ⅳ车的排放量，根据有关部门测算，黄标车对于机动车尾气排放减少的贡献达到了 50%，黄标车停驶是奥运会期间空气质量好转的有力保障。

4.2.10.3　市民意见

黄标车停驶带来了空气质量的改善，奥运会期间 40% ~ 70% 的市民支持黄标车停驶措施。60% 的市民支持奥运会后长期实施黄标车限行措施。

4.2.11　市民对北京交通发展的建议

通过专项调查，广大市民对于奥运会后如何巩固奥运交通成果、传承奥运交通管理经验、推动北京交通全面协调可持续发展，提出了很多好的意见和建议，归纳起来主要有：控制公车；大力发展公交地铁，不断提高服务水平；增加基础设施建设；限制小汽车出行；交通管理；控制小汽车总量；收取燃油税；错峰上下班；货运管理；鼓励绿色出行；提倡拼车、合乘、班车；提高停车费；其他措施，如提高交通法规意识和交通文明素质等（图 4-28）。

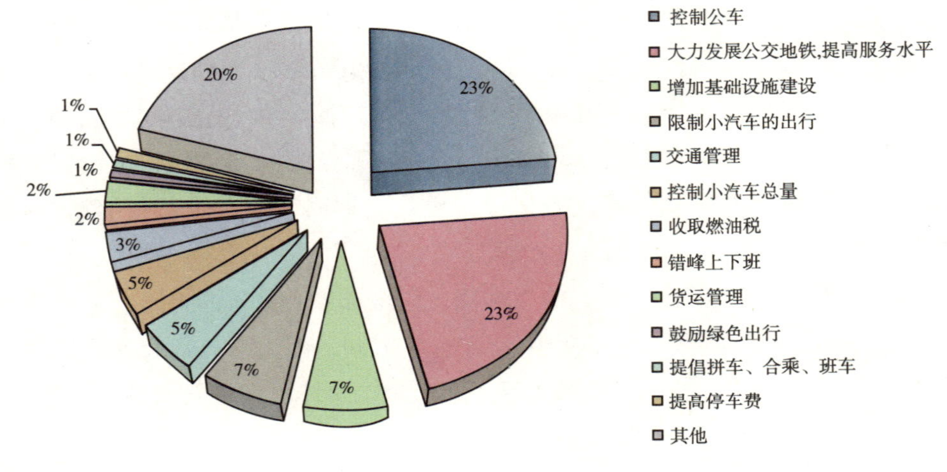

图4-28　市民对北京交通发展的建议

附　录

附录1　北京奥运期间临时交通管理措施通告

北京市人民政府关于2008年北京奥运会残奥会期间对本市机动车采取临时交通管理措施的通告

为保证2008年北京奥运会、残奥会期间交通正常运行和空气质量良好，履行申办奥运会时的承诺，根据《北京市人民代表大会常务委员会关于为顺利筹备和成功举办奥运会进一步加强法治环境建设的决议》，市政府决定，在2008年7月1日至9月20日期间，对本市机动车（含临时号牌车辆）采取临时交通管理措施。现就有关事项通告如下：

一、7月1日0时至9月20日24时，持有黄色环保标志及悬挂试验车号牌的车辆，禁止在本市行政区域内道路上行驶。

二、7月20日0时至9月20日24时，本市核发号牌机动车按车牌尾号实行单号单日、双号双日行驶（单号为1、3、5、7、9，双号为2、4、6、8、0），“二○○二”式号牌机动车按双号管理。单双号限行范围为:7月20日0时至8月27日24时，本市行政区域内道路；8月28日0时至9月20日24时，五环路主路以内道路（含五环路主路）、机场高速公路、八达岭高速公路主路（上清桥至西关环岛）、京承高速公路（来广营桥至白马南桥）。

7月20日0时～8月27日24时

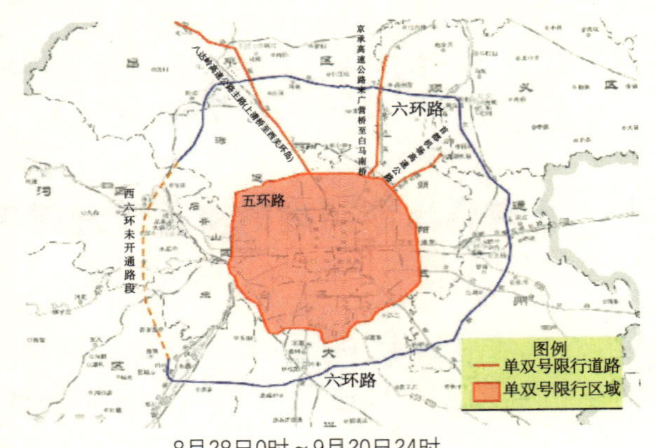

8月28日0时～9月20日24时

三、以下机动车不受单双号行驶措施限制，准许在本市行政区域内道路上行驶：

（一）警车、消防车、救护车、工程救险车及执行任务的解放军和武警部队车辆；

（二）公共电汽车、省际长途客运车辆及大型客车、出租汽车（不含租赁车辆）、小公共汽车、持有市运输管理部门核发旅游客车营运证件的车辆；

（三）持有北京奥组委核发的奥林匹克运动会专用车辆证件（不含车证底色为黄色的场馆外围和场馆临时车证）或市公安交通管理部门核发通行证的车辆（须遵守通行证的使用规定）；

（四）车身喷涂统一标识并执行任务的城管、工商、交通执法车辆，环保监察车辆及救援、清障专用车辆；

（五）环卫、园林、道路养护的专项作业车辆（按批准的时间和路线行驶）；

（六）悬挂“使”字头号牌车辆及经批准临时入境的车辆；

（七）殡仪馆的殡葬车辆。

四、邮政专用车不受单双号行驶措施限制，但邮政专用货车6时至24时，禁止在六环路以内道路（不含六环路）行驶（西六环路未开通路段以设置的交通标志为准，下同）。

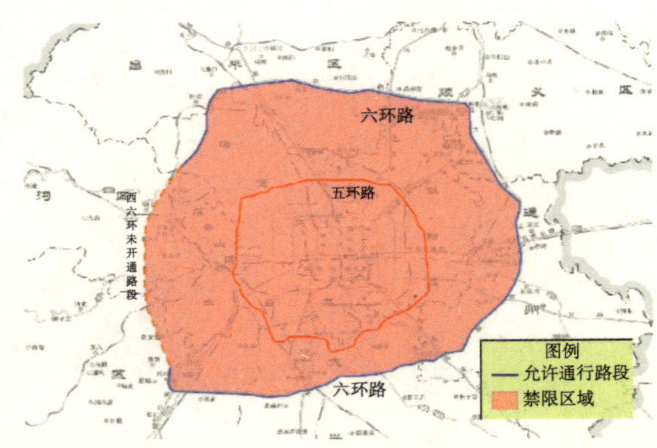

五、以下机动车还须遵守下列规定：

（一）货运机动车，6 时至 24 时，禁止在六环路以内道路（不含六环路）行驶。

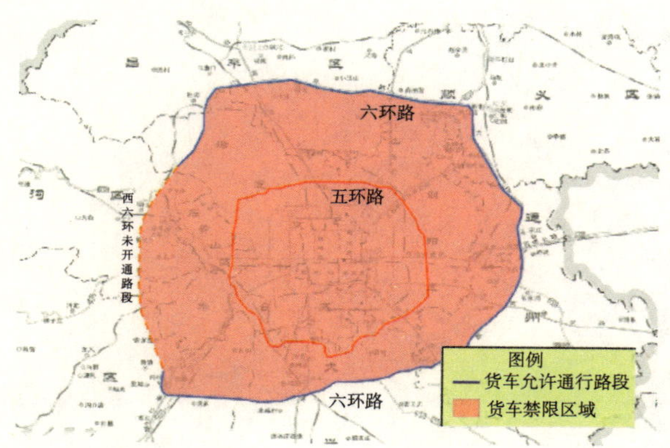

（二）拖拉机、低速载货汽车和三轮汽车，6 时至 24 时，禁止在六环路以内道路（含六环路）行驶；0 时至 6 时，禁止在五环路以内道路（含五环路）行驶。

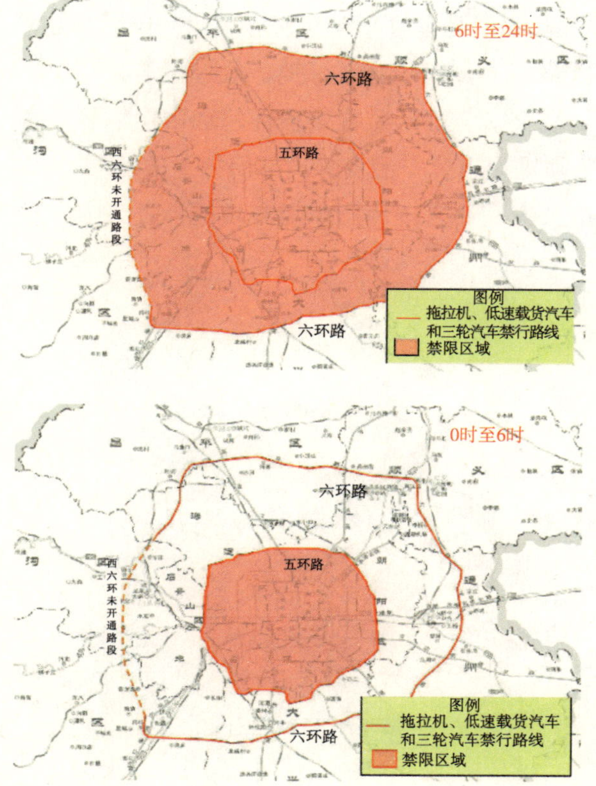

（三）京 B 号牌摩托车全天禁止在四环路以内道路（不含四环路辅路）行驶。

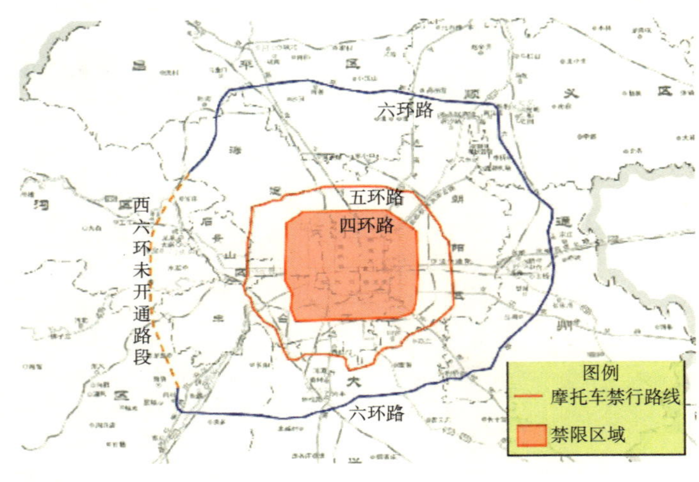

六、7 月 20 日 0 时至 9 月 20 日 24 时，剧毒化学品运输车辆禁止在本市行政区域内道路行驶。其他危险化学品运输车辆在遵守单双号限行规定的同时，6 时至 24 时，禁止在六环路以内道路（不含六环路）行驶。危险化学品（含剧毒化学品）运输车辆上道路行驶前，须经市安全生产监督管理部门和市运输管理部门核准（属剧毒化学品运输车辆的，还须提交市公安治安管理部门核发的证明文件），确需进入禁限区域道路行驶的，向市公安交通管理部门申请办理通行证件，并按照批准的时间和路线行驶。

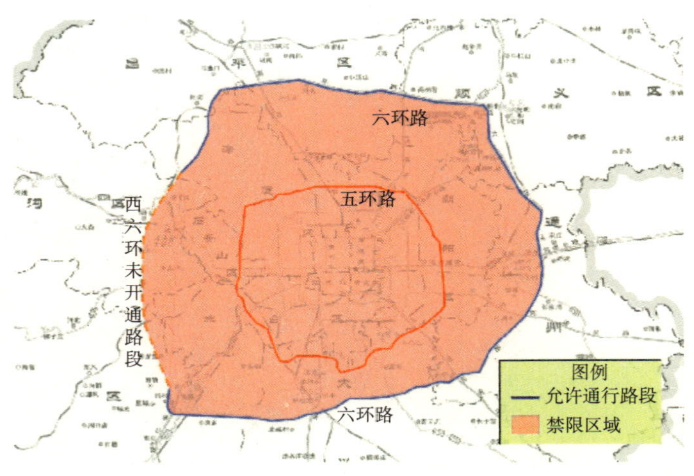

七、7月20日0时至9月20日24时，运输土方或渣土的车辆禁止在本市行政区域内道路行驶。

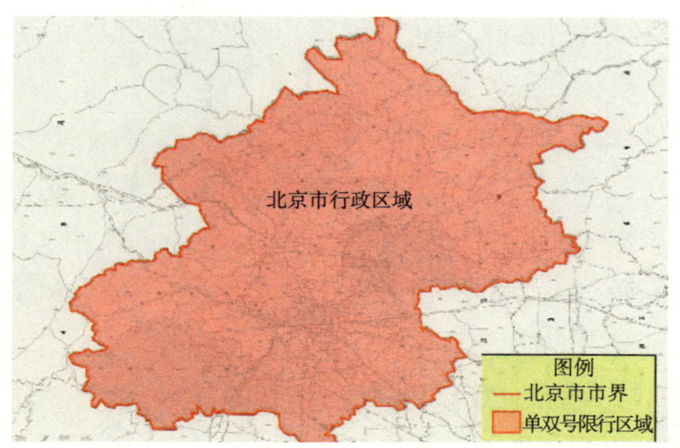

八、对北京奥运会、残奥会期间停驶的车辆相应减征车船税和养路费，相关规定另行发布。

九、违反本通告规定的，由市环保部门和市公安交通管理部门按照国家和本市有关规定依法处理，并不再享受减征车船税和养路费的优惠政策。

特此通告。

二〇〇八年六月十九日

北京市人民政府关于2008年北京奥运会残奥会期间对外省区市进京机动车采取临时交通管理措施的通告

为保证2008年北京奥运会、残奥会期间交通正常运行和空气质量良好，履行申办奥运会时的承诺，根据《北京市人民代表大会常务委员会关于为顺利筹备和成功举办奥运会进一步加强法治环境建设的决议》，市政府决定，在2008年7月1日至9月20日期间，对外省、区、市进京机动车（含临时号牌车辆）采取临时交通管理措施。现就有关事项通告如下：

一、7月1日0时至9月20日24时，禁止货运机动车、拖拉机、低速载货汽车、三轮汽车、摩托车及危险化学品（含剧毒化学品）运输车辆在北京市行政区域内道路行驶。但以下车辆除外：

（一）“绿色通道”车辆（即整车运送鲜活农产品的车辆，包括新鲜蔬菜、水果，鲜活水产品，活的畜禽，新鲜的肉、蛋、奶等）、邮政专用货车；

（二）经北京市运输管理部门核准、北京市公安交通管理部门备案的为北京市运送生产生活物资的车辆；

（三）持有北京奥组委核发的奥林匹克运动会专用车辆证件的车辆；

（四）经北京市安全生产监督管理部门和北京市运输管理部门核准（属剧毒化学品运输车辆的，还须提交北京市公安治安管理部门核发的证明文件）、北京市公安交通管理部门核发通行证件的为北京市运送危险化学品（含剧毒化学品）的车辆（按批准的时间和路线行驶）。

二、7月1日0时至9月20日24时，进京的外省、区、市机动车须符合规定的排放标准（汽油车须符合国Ⅱ及其以上排放标准、柴油车须符合国Ⅲ及其以上排放标准，“绿色通道”车辆除外）。

三、7月20日0时至9月20日24时，进京的外省、区、市机动车（含持有北京市市区通行证的车辆）按车牌尾号实行单号单日、双号双日行驶（单号为1、3、5、7、9，双号为2、4、6、8、0），“二〇〇二”式号牌和车牌尾号为英文字母的机动车按双号管理。单双号限行范围为：7月20日0时至8月27日24时，北京市行政区域内道路；8月28日0时至9月20日24时，北京市五环路主路以内道路（含五环路主路）、机场高速公路、八达岭高速公路主路（上清桥至西关环岛）、京承高速公路（来广营桥至白马南桥）。

7月20日0时～8月27日24时

8月28日0时～9月20日24时

四、7 月 1 日至 7 月 19 日在北京市五环路以内道路（不含五环路）行驶、7 月 20 日至 9 月 20 日在北京市行政区域内道路行驶的进京车辆，须按下列规定办理进京通行证件：

（一）载客汽车需持所在地环保部门核发的尾气排放合格证明，有效的驾驶证、行驶证、车辆检验合格标志、强制保险标志；

（二）悬挂临时号牌的车辆需持所在地环保部门核发的尾气排放合格证明，有效的驾驶证、机动车来历凭证、整车出厂合格证明或机动车进口凭证、强制保险标志；

（三）其他车辆需持有效的驾驶证、行驶证、车辆检验合格标志、强制保险标志；

（四）由北京市环保部门核查尾气排放合格证明、北京市公安交通管理部门核查其他证件、证明后，办理有效期为 3 天的进京通行证件。

五、以下机动车不再办理进京通行证件，且不受单双号行驶措施的限制：

（一）持有北京奥组委核发的奥林匹克运动会专用车辆证件的车辆（但车证底色为黄色的场馆外围和场馆临时车证车辆受单双号行驶措施的限制）；

（二）进京执行任务的警车、救护车；

（三）持道路运输证件的省际长途客运车辆及经批准的临时入境车辆。

六、省际旅游大型客车、“绿色通道”车辆、邮政专用车及经北京市运输管理部门核准、北京市公安交通管理部门备案的为北京市运送生产生活物资的车辆，不受单双号行驶措施的限制，但仍须办理进京通行证件。6 时至 24 时，除省际旅游大型客车和邮政专用客车外，其他车辆禁止在北京市五环路以内道路（含五环路）行驶。

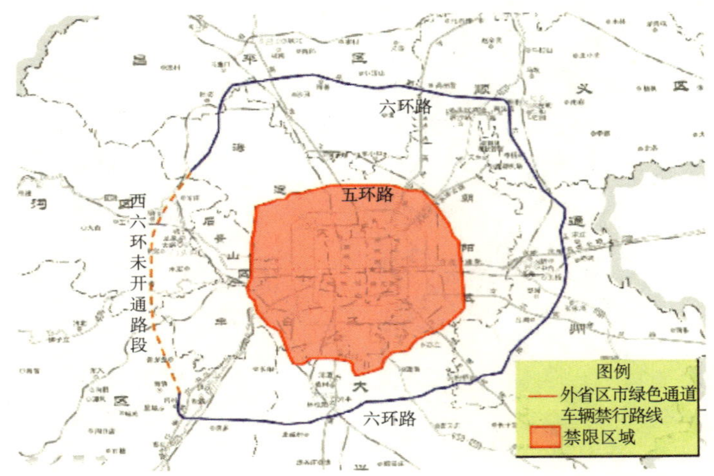

七、违反本通告规定的，由北京市环保部门和北京市公安交通管理部门按照国家和北京市有关规定依法处理。

特此通告。

二〇〇八年六月十九日

奥运会残奥会期间设置机动车单双号上路行驶缓冲时间

经市政府批准，7 月 20 日至 9 月 20 日本市和外省区市进京机动车按单双号行驶期间，每天设置 3 个小时缓冲时间，0 时至 3 时机动车上路不受单双号限制。

根据“2008 年北京奥运会和残奥会期间对本市机动车及外省区市进京机动车采取临时交通管理措施”的通告精神，从 7 月 20 日 0 时至 9 月 20 日 24 时，本市机动车及外省区市进京机动车需按号牌尾号分单双号上路行驶。为最大限度地服务中外宾客、方便市民群众出行，在确保奥运赛事交通安全顺畅的前提下，经市政府批准，7 月 20 日至 9 月 20 日本市和外省区市进京机动车按单双号行驶期间，每天给群众 3 小时的缓冲时间，0 时至 3 时机动车上路不受单双号限制。

此次设置 3 个小时缓冲时间，允许本市及外省区市进京机动车在 0 时至 3 时不受单双号的限制上路行驶，但是仍需遵守 2008 年北京奥运会和残奥会期间其他交通管理通告的规定。

附录2　奥运期间道路货物运输保障公共服务窗口的通告

北京市交通委员会北京市公安局北京市环境保护局北京市安全生产监督管理局关于奥运会残奥会期间北京市道路货物运输保障公共服务窗口的通告

为做好2008年北京奥运会残奥会期间交通保障工作，在采取必要管理措施的同时，满足城市正常运行的生产生活物资运输需要，经北京奥运会残奥会运行指挥部讨论通过，建立奥运会残奥会期间北京市道路货物运输保障公共服务窗口和交通联络员队伍。现通告如下：

一、北京市道路货物运输保障公共服务窗口自2008年6月27日至9月20日办理2008年7月1日至9月20日期间道路货物运输保障有关事项及政策咨询。行业公共服务窗口办理归口行业临时道路货物运输需求初审及政策咨询；联合公共服务窗口办理临时道路货物运输需求审核、危险化学品临时运输需求审查及政策咨询。

二、确需办理临时道路货物运输手续的单位，必须符合《北京市人民政府关于2008年北京奥运会残奥会期间对本市机动车采取临时交通管理措施的通告》和《北京市人民政府关于2008年北京奥运会残奥会期间对外省区市进京机动车采取临时交通管理措施的通告》要求，确属运送城市生产生活物资的货运机动车，经行业公共服务窗口初审后，向联合公共服务窗口提出申请，由市环境保护局审核车辆环保标志后，由市运输管理局核准运输需求，由市公安局公安交通管理局负责办理临时车辆通行证件。

三、确需临时运输危险化学品的生产、经营、储存、运输单位，由行业公共服务窗口初审后，到联合公共服务窗口，由市安全生产监督局审查同意（其中剧毒化学品还需提交市公安局治安总队购买证明），由市运输管理局负责危险化学品运输企业、车辆、驾驶员和押运员资质备案，由市公安局公安交通管理局负责办理临时车辆通行证件。

特此通告。

二〇〇八年六月二十五日

奥运会残奥会期间北京市货物运输保障措施

为贯彻落实《2008年北京奥运会残奥会期间北京市交通保障方案》，按照“保奥运、保环境、保交通、少影响、可操作”五统一的思路，制定奥运会残奥会期间（以下简称“奥运期间”）北京市货物运输保障措施。

一、保障原则

奥运期间货物运输保障工作坚持以下原则：

（一）控制总量、用足绿标、确保重点

（二）先申请、后发证、再运输

（三）绿标车一车一证，按规定时间、路线行驶

（四）在现有基础上绿标车运输效率至少提高一倍

（五）开辟市内“绿色通道”

（六）应急车辆实行特事特批

二、建立奥运期间货运保障公共服务窗口

奥运期间建立货运保障公共服务窗口，自2008年6月27日至9月20日对外开放。公共服务窗口分为两个层次：

（一）行业主管和归口部门货运保障公共服务窗口（以下简称“行业窗口”）

主要负责本行业、本系统和归口企事业单位奥运期间货运需求调查、汇总，制订奥运期间运力配置方案，办理主管和归口单位普通货物运输、危险化学品运输、应急货物运输需求的受理、初审及政策咨询；报送相关报表和信息。

（二）联合货运保障公共服务窗口（以下简称“联合窗口”）

由市安全生产监督管理局、市环保局、市运输管理局、市公安局公安交通管理局等部门组成，主要负责奥运期间全市货物运输保障工作的统一协调、组织实施、信息收集和报送；负责办理普通货物运输、危险化学品运输、应急货物运输需求的审定及政策咨询。

三、分行业货运保障

（一）部门分工：

市发改委负责电煤、居民生活用煤供应、电厂的粉煤灰、石灰石等能源运输保障。归口单位有：电力公司、中石油、中石化、龙禹、电厂、金泰恒业等。

市农委负责农产品、水产品、林产品、畜牧产品等运输保障。归口单位有：农业局、乡镇企业局、各区县农业系统等。

市教委负责学生营养餐配送等运输保障工作。归口单位有：各学校、区县教育系统等。

市市政管委负责锅炉供暖用煤、路灯用电、气、热运输，渣土运输，垃圾粪便清运、医疗清废等运输保障。归口单位有：燃气集团、热力集团、环卫集团、渣土运输企业、北京移动、北京网通、路灯管理处、区县市政管理系统等。

市卫生局负责医疗物资、卫生防疫、抢救、医疗用具等运输保障。归口单位有：各医院、中医管理局等。

市药监局负责药品、医疗器械等运输保障。归口单位有：医药企业，各区县医药公司等。

市商务局负责粮食、百货、副食、再生资源回收等运输保障。归口单位有：一商、二商、粮食局、供销社、果品公司、糖业烟酒公司、各区县商务局等。

市园林绿化局负责绿化、花卉打药、浇水等养护管理；抢险；苗木、花卉等绿化材料的运输保障。归口单位有：公园管理中心、市花木公司、北京金都恒达园林绿化处、市园林古建工程公司、各区县园林绿化部门等。

市安全生产监督局负责对危险化学品生产、经营、储存、运输企业的运输需求提出审查意见。归口单位有：全市及重点区域如经济技术开发区、燕化公司等。

市水务局负责水务、防汛等物资运输保障。归口单位有：自来水、排水、污水处理等企业（集团）。

市工业促进局负责全市重点工业企业的货运保障（电子信息、机电、生物工程和医药、汽车及交通设备、军工、都市工业、基础工业等，含工业企业用煤）。归口单位有：区县工业局（经委、发改委、商务局）、市工业控股公司（首钢、北汽控股、京城控股、金隅集团、京仪控股、电子控股、医药集团、一轻控股、隆达控股、纺织控股、工美集团、同仁堂集团、化工集团等工业控股公司）、北京经济技术开发区管委会、市国防科工办所属重点工业企业。

市新闻出版局负责图书、报刊、杂志等出版物印刷品运输保障。归口单位有：出版社、报刊社、发行公司、印刷厂等。

市路政局负责交通设施建设材料和铁路道口、轨道建设、公路和城市道路养护作业等货物运输保障。归口单位有：高速公路建设运营单位、公路分局及公路绿化养护单位、城市道路管理养护单位、轨道地铁相关建设运营单位、铁路道口安全管理养护单位等。

市运输管理局负责市属交通运输企业货物运输；组建绿色车队面向社会运输保

障。归口单位有：公交集团、祥龙公司、地铁运营公司等交通系统运输企业。

（二）工作任务：

细化行业货运需求，整合运力资源，提出本系统、本行业的保、限措施；落实行业货运保障申请单位、承运单位及运输车辆，并向联合窗口提供相关情况；联合窗口根据保障原则，进行综合平衡，提出运力配置方案，由市公安局公安交通管理局向行业主管和归口部门核发货运通行证。

（三）运力配置：

向各行业的绿标车核发通行证，预计其运输效率可平均提高一倍左右；向“绿色车队”车辆核发通行证，保障社会化运输和应急运输需求。

据此预测，奥运期间持证车辆日均运输货物量是目前的一倍左右，可基本满足奥运期间重点行业基本生产生活物资运输需求。

四、社会化货运保障

（一）组建绿色车队。市运输管理局落实绿色车队企业、车辆，报北京奥运会残奥会交通与环境保障组交通运行中心同意后向社会公布，由市公安局公安交通管理局向市运输管理局核发绿色车辆通行证；绿色车队企业按照承诺，向社会提供安全、规范、高质量的运输服务；运输管理等部门加强对绿色车队企业的监督检查。

（二）实行临时运价干预。由市发改委会同市运输管理局，建立奥运期间道路货运临时价格干预机制，要求企业不得借机乱涨价，非法获取暴利。

五、应急运输保障

（一）对特殊货运需要和不可替代的特殊车型车种，货运需求单位应将运输需求、承运单位、车辆、路线、日期等提前报各行业窗口审查，审查合格的，报联合窗口审核。

在联合窗口中，由市环保局对车辆环保标志进行审查，经联合窗口审定同意的，报市政府，实行特事特批，经市政府批准同意的，由市公安局公安交通管理局向各行业窗口核发应急车辆通行证件。

（二）奥运期间，若发生突发性生产生活物资市场供应紧张情况，由各行业主管或归口部门协调运力、组织解决；必要时，由市运输管理局根据市政府命令启动应急运输预案，组织应急运力储备单位应急抢运。

六、危险化学品运输保障

奥运期间必须运输危险化学品和剧毒化学品的单位，要制订完善的危险化学品安全运输方案，向各归口行业窗口提出申请，行业窗口审核合格后，报联合窗口审定。

在联合窗口中，由市安全生产监督局审查运输需求，市公安局治安总队办理剧毒品购买证明，市运输管理局办理危险化学品运输企业、车辆和驾驶员、押运员的资质审查和备案，市公安局公安交通管理局办理危险品车辆通行证件，实行“联审联批”。

七、“绿色通道”运输保障

奥运期间本市行政区域内开辟运输鲜活农产品的“绿色通道”。“绿色通道”所指鲜活农产品包括新鲜蔬菜、水果，鲜活水产品，活的畜禽，新鲜的肉、蛋、奶。

奥运期间，凡整车运输以上“绿色通道”鲜活农产品的，应提前将运输需求、承运单位、车辆、路线、日期等情况，报各行业窗口审查，审查合格的，报联合窗口审定，经审定同意的，由市公安局公安交通管理局向行业窗口核发“绿色通道”车辆通行证件。

八、抗震救灾物资运输保障

奥运期间需要运输抗震救灾物资的，由运输需求单位向市民政局提出货运需求和具体承运车辆情况，经市民政局审查合格，报联合窗口审定，由市公安局公安交通管理局向市民政局发放抗震救灾物资运输专用通行证。

九、其他运输保障

中央在京单位货运保障车辆参照本市的规定及审核程序办理。

外省市进京运输重要生产生活物资保障车辆，由各归口行业窗口受理，对运输需求、车辆排放等进行初审，初审合格的，报联合窗口审定。在联合窗口中，由市环保局对车辆环保标志进行审查后，由市运输管理局进行审核，审核合格的，市公安局公安交通管理局核发通行证。

十、奥运期间运输信息统计保障

各行业或系统设立交通联络员，负责汇总统计本行业持证车辆奥运期间运输信息，按时向联合窗口报送相关报表，及时反映工作情况、存在问题，保证信息反馈及时、通畅。

奥运会残奥会期间北京市道路货物运输保障
公共服务窗口工作程序规定

根据《关于奥运会残奥会期间北京市道路货物运输保障公共服务窗口的通告》及《奥运会残奥会期间北京市货物运输保障措施》有关要求，制定本规定。

一、工作范围

本规定适用于奥运会残奥会期间，申请办理相关货运通行证件的生产生活物资运输保障车辆（包括本市和外埠进京货运车辆；危险化学品运输车辆除外）。

本规定所称“申请人”是指奥运会残奥会期间具有在京运输需求的企业、事业单位和科研、医疗机构等单位。

二、工作职责

行业主管和归口部门公共服务窗口（以下简称“行业窗口”）和联合公共服务窗口（以下简称“联合窗口”）要坚持“保障需求、严格控制”的原则，开展货运保障公共服务窗口有关工作。

行业窗口负责受理和审查本行业主管和归口单位申请人的货运需求，并签署审查意见。货运需求主要包括：货物种类、需求单位、承运单位、运输车辆的车号、车型、运输日期、行驶路线以及行驶证（有效检验合格）、交强险缴纳等情况。

联合窗口负责核准申请人的运输需求和运输车辆环保标志等情况，并核发车辆通行证件。

三、申办条件

奥运会残奥会期间提出确需货物运输需求申请的单位，其申报的需求至少应符合以下条件之一：

（一）涉及到本市生产生活正常运行的基本运输保障；

（二）涉及到奥运会残奥会期间外围（不进入场馆）交通运输保障；

（三）涉及到国家和我市重点工程建设项目必须运输的，以及重大科研、国防任务运输保障；

（四）其他经市政府批准的奥运会残奥会期间必须运输的货物。

四、工作程序

（一）申请人向行业窗口提出申请，提交以下材料：

1.《奥运会残奥会期间货运车辆通行需求申请及审批表》；

2. 承运单位工商执照（复印件）；

3. 承运车辆行驶证（复印件）；

4. 承运车辆交强险存根（复印件）；

5. 承运单位《道路运输经营许可证》（复印件）；

6. 承运车辆《道路运输证》（复印件）。

以上材料应清晰、完整，加盖企业公章，并按照顺序装订成册。

承运企业和车辆不属于营业性道路货物运输性质的，可不提供第 5、6 项材料；承运单位不属于企业单位的，可不提供第 2 项材料。以上不需提供材料的情况，行业窗口要在行业意见栏内标注说明。

（二）行业窗口对申请内容进行初审，审查其是否符合申办条件，提交材料是否齐全、有效，并签署意见。同意的，由行业窗口报联合窗口核准，不同意的，说明理由，退回申请单位；

申请车辆中若涉及到黄标车的，由各行业窗口经市政府批准同意后，报联合窗口；

申请车辆中若涉及到本市“绿色通道”车辆的，各行业窗口要核实运输鲜活农产品的货类，并在《奥运期间货运车辆通行需求申请及审批表》行业意见栏中标明为“绿色通道”需求。

（三）联合窗口对申请内容进行审核。市环保局对承运车辆的环保标志进行审核，并转市运输管理局；市运输管理局对承运车辆的运输资质进行审查，同意的，转市公安局公安交通管理局，不同意的说明理由，退回行业窗口；市公安局公安交通管理局审核同意的，核发货运通行证件，不同意的，退回行业窗口。

（四）涉及“绿色车队”的，由市运输管理局负责组建工作，组建完成后向社会公布企业名单，企业所属车辆经市环保局审核环保标志后，由市运输管理局将企业名单、车辆明细情况报市公安局公安交通管理局，由市公安局公安交通管理局为绿色环保车辆核发通行证件。

（五）涉及到救灾物资运输的，由运输需求单位向市民政局提出货运需求和具体承运车辆情况，填报《奥运会残奥会期间货运车辆通行需求申请明细表》，经市民政局审查合格，出具有关证明材料，报联合窗口审定，由市公安局公安交通管理局向市民政局发放救灾物资运输的货运通行证件。

（六）各行业窗口可参照本程序规定，结合行业实际，制定本行业窗口工作程序规定，以确保货运保障工作的高效、有序。

（七）中央在京企事业单位的货运保障参照本市程序办理。

（八）对于未确定行业主管或归口部门的申请单位，填报《奥运会残奥会期间货运车辆通行需求申请及审批表》，由联合窗口受理，市运输管理局审查货运需求，审查同意的，转市环保局审核环保标志，符合绿标环保标志的，转市公安局公安交通管理局审查，同意的，由市公安局公安交通管理局核发货运通行证件。符合有关申办条件，必须使用黄标车的，由联合窗口各成员进行会商，提出办理意见。

三、工作要求

（一）已经市政府专题会议审议通过的各行业绿标车和“绿色车队”车辆，由各行业窗口按照上述程序规定，自7月7日至7月11日，报联合窗口审查。《奥运会残奥运期间货运车辆通行需求申请及审批表》需提供纸本材料和电子格式文档。

其他符合条件的货运车辆通行证件办理工作可按照上述程序在有关通告规定时间内办理。

（二）奥运会、残奥会期间，各货物运输单位要加强车辆管理，确保车辆技术状况良好，保障运输安全。

（三）各行业主管部门、运管、环保、公安交管、交通执法等部门要按照各自职责，加强对货运车辆的监管，发现违法、违章行为的，要严格予以处罚。

（四）行业窗口及联合窗口办公时间按照有关通告执行。

（五）各行业窗口不得无故拒绝受理本行业内货运需求申请人的申请。

（六）行业窗口要分别与使用通行证件的单位签订《交通安全责任书》，并负责教育、监督、管理运输单位的交通安全工作，对发生交通事故或存在严重（多起）违法行为的单位，要予以追查处理。

（七）危险化学品运输通行保障有关工作方案另行规定。

奥运会残奥会期间北京市道路货物运输保障联合公共服务窗口危险化学品运输办理工作方案

一、办理依据

根据《北京市人民政府关于2008年北京奥运会残奥会期间对本市机动车采取临时交通管理措施的通告》、《北京市人民政府关于2008年北京奥运会残奥会期间对外省区市进京机动车采取临时交通管理措施的通告》和市交通委、市公安局、市环保局、市安全生产监督局《关于奥运会残奥会期间北京市道路货物运输保障公共服务窗口的通告》有关规定，制定本方案。

二、办理原则

奥运会残奥会期间危险化学品的运输需求坚持“控制总量、细化需求，突出重点、有保有限，整合资源、用足绿标”的原则，按照“先申请、后发证、再运输”的程序，力保城市环境良好，交通秩序通畅，危险化学品运输安全。

三、办理部门

北京市道路货物运输保障联合公共服务窗口负责危险化学品运输需求的受理、审定及政策咨询工作。

（一）市安全生产监督管理局负责企业、事业单位和科研、医疗机构危险化学品运输需求审核。

（二）市运输管理局负责危险化学品运输企业、车辆、驾驶员和押运员的资质备案。

（三）市环保局负责车辆环保标志审核。

（四）市公安局治安总队负责剧毒化学品购买审核，核发购买证明。

（五）市公安局公安交通管理局负责审核发放相关通行证件。

四、办理范围和申请单位基本条件

在奥运会残奥会期间确需临时运输危险化学品的本市行政区域内的企业、事业单位和科研、医疗机构，必须提前 3 天到联合公共服务窗口提出需求申请，办理临时货运通行证件。

奥运会残奥会期间提出危险化学品运输需求申请的单位必须满足以下基本条件：

（一）涉及城市运行和国计民生的单位。

（二）涉及奥运会残奥会赛事正常进行的单位。

（三）承担国家重点项目建设，重大科研、国防任务的单位。

（四）不能终止，必须连续进行生产、科研、实验活动的国家重大项目承担单位。

（五）其他奥运会残奥会期间必须运输危险化学品的单位。

五、提交材料

（一）《奥运会残奥会期间危险化学品运输需求申请表》和《奥运会残奥会期间危险化学品运输需求明细表》，一式两份及电子版（可在市安全生产监督局网站 www.bjsafety.gov.cn 下载）。

（二）奥运会残奥会期间本单位危险化学品运输安全保障方案、应急预案。

（三）上级行政主管或管理部门对申请单位符合本方案规定的基本条件的证明材料。

1. 成品油的运输需求，由中石化公司、中石油公司、龙禹、三元、中油首汽、壳牌、公交等各大集团公司统一申请，提交市发展改革委出具的证明。

2. 民用液化石油气的运输需求，由市燃气集团统一提出申请，并提交市市政管委出具的证明。

3. 自来水消毒用液氯、次氯酸钠等危险化学品的运输需求，由市自来水集团统一申请，提交市水务局出具的证明。

4. 冷冻用液氨的运输需求，提交市发展改革委出具的证明。

5. 危险废物处置企业危险化学品的运输需求，提交市环保局出具的证明。

6. 重点工业企业危险化学品的运输需求，由市级各大控股集团、公司统一申请，提交市工促局出具的证明。

7. 医疗卫生机构、体育场馆、科研实验院所危险化学品的运输需求，分别提交市政府卫生、体育、教育等主管部门出具的证明。

8. 其他需要运输危险化学品的单位，提交市政府相应行业主管部门出具的证明；无行业主管部门的，提交属地区（县）政府指定的部门或北京经济技术开发区管委会出具的证明。

（四）危险化学品生产、经营单位需同时提交安全生产监督管理部门核发的危险化学品"安全生产许可证"或"经营许可证"。危险废物处置企业需同时提交市环保部门核发的《危险废物经营许可证》。

六、办理程序

（一）市安全生产监督管理局负责受理需求申请，审核申请单位是否符合规定的基本条件，提交材料是否齐全，并签署意见。同意的，转给运输管理部门；不同意的说明理由，退回申请单位。

（二）市运输管理局负责审查危险化学品承运单位、承运车辆及驾驶员、押运员的资质是否符合要求，并签署意见。同意的，进行备案，并转给市环保局；不同意的说明理由，退回申请单位。

（三）市环保局负责对承运车辆环保标志情况审核。签署意见后，转给市公安局公安交通管理局（涉及剧毒化学品的转给市公安局治安总队）。

（四）市公安局治安总队负责对剧毒化学品购买单位审核。同意的，核发购买证明，并转给市公安局公安交通管理局；不同意的说明理由，退回申请单位。

（五）市公安局公安交通管理局负责审核运输路线和运输时间。同意的发放相关通行证件；不同意的说明理由，退回申请单位。

七、公共服务窗口办公地址和时间

办公地址：市公安交通管理局办证处（北京市朝阳区来广营西路90号，北五环北苑检测场内）。

办公时间：自2008年6月27日至9月20日，上午8:30 ~ 12:00，下午13:00 ~ 16:30（周六、日休息）。

八、保障措施

在奥运会残奥会期间，危险化学品运输需求单位和承运单位必须明确安全责任人，加强管理，落实运输安全保障方案，确保危险化学品运输安全。

安监、运管、公安、环保部门必须按各自职责加强对危险化学品运输需求单位、承运单位和路面运输安全的监管。发现违法、违章行为，依法进行处罚。

附录3　奥运期间实行错时上下班有关工作的通知

北京市人民政府办公厅关于2008年北京奥运会残奥会期间实行错时上下班有关工作的通知

各区、县人民政府，市政府各委、办、局，各市属机构：

为缓解2008年北京奥运会、残奥会期间本市道路交通和公共交通压力，满足市民日常出行需要，根据北京市政府、公安部、交通运输部、环境保护部制订的《2008年北京奥运会残奥会期间北京市交通保障方案》要求，市政府决定，在2008年7月20日至9月20日期间实行错时上下班。现将有关事宜通知如下：

一、本市各级党委、政府及其所属部门，本市各级人大、政协办公厅（室）上下班时间不作调整。

二、除承担城市运行和服务保障任务的企事业单位、社会团体外，本市各级国有资产监督管理部门监管的其他企业上班时间调整为9:00，下班时间调整为17:00；大型商场每天上午开始营业时间调整为10:00，适当延长晚上营业时间；除学校作息时间不作调整外，本市其他事业单位和社会团体上班时间调整为9:30，下班时间调整为17:30。

三、鼓励适宜网上办公的企事业单位试行网上办公，适宜弹性工作制的企事业单位也可试行弹性工作制。

四、市国有资产监督管理委员会和市商务局要加强对所监管企业及大型商场错时上、下班工作进行指导监督。

五、本市各地区、各部门和各单位要妥善安排好各项工作，切实落实值班制度，加强应急措施，确保工作正常运转。

二〇〇八年七月十二日

附录4 北京市人民政府致首都市民的一封信

北京市人民政府致首都市民的一封信

市民朋友们:

举办奥运会，是全国人民的共同心愿，是中华民族的百年企盼。经过七年艰辛筹办，第29届夏季奥运会即将于2008年8月8日在北京举行。实现空气质量达标、交通安全顺畅，是我们对国际社会的郑重承诺，对于成功举办一届有特色、高水平的奥运会、残奥会，树立良好的国家形象、首都形象，具有十分重要的意义。

为认真落实《2008年北京奥运会、残奥会期间北京市交通保障方案》，7月1日至7月19日，驻京解放军和武警部队、全市行政区域内各企事业单位全天停驶机动车总数的30%，全天禁止黄标车上路行驶。7月20日至9月20日，实行机动车单日单号行驶、双日双号行驶，全市各级党政机关、本市行政区域内各企事业单位全天停驶机动车总数的70%，全天禁止黄标车上路行驶；7月20日至8月27日，限行范围为本市行政区域内道路；8月28日至9月20日，限行范围为五环路以内道路（含五环路）及有赛事通行的机场高速公路、八达岭高速公路和京承高速公路。外地进京机动车尾气排放必须符合环保要求，并按照单双号进入行驶。

为积极响应党中央和国家机关开展汽车节油工作的部署，市政府决定：6月23日至7月19日期间，全市各级党政机关及所属事业单位全天停驶机动车总数的50%。

为最大限度减少上述措施对市民生活和工作的影响，将对上下班时间和大型商场营业时间进行调整，并延长公交、地铁运营时间。增加车辆、加密车次，提高公共交通运营保障能力，满足市民正常出行需要，赛时还将为奥运会持证人员和持当日票观众提供免费公共交通服务。同时，市政府还将对奥运会、残奥会期间停驶的车辆相应减征车船税和养路费。

为实现赛事交通和城市交通的和谐运转，市政府倡导“绿色奥运、绿色出行”，恳请全体市民能够做到：

一、请尽量选择乘坐公共交通工具、骑自行车、步行等绿色出行方式。

二、请注意收听、收看相关媒体发布的交通环境等信息，认真遵守临时交通管理措施。

三、请自觉做到文明出行，遵守交通秩序，体现首都市民良好的文明素质和精神风貌。

市民朋友们，能够有幸直接参与奥运、服务奥运、奉献奥运，是我们的光荣和骄傲，也是我们的责任和义务。让我们共同努力，为成功举办一届有特色、高水平的奥运会、残奥会，为建设繁荣、文明、和谐、宜居的首善之区作出自己的贡献。

衷心感谢广大市民的理解、支持、参与和奉献！

二〇〇八年六月二十三日

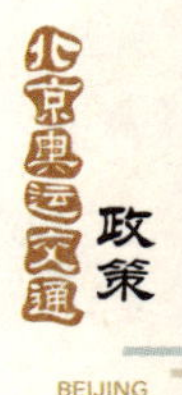

图索引

表索引

后　记

《北京奥运交通丛书》在有关单位的鼎力配合下，终于付梓印刷了，北京市交通委员会和北京交通发展研究中心在丛书的组织编著过程中，得到了北京市交通委员会路政局、北京市交通委员会运输管理局、北京市交通执法总队、北京公交集团、北京市地铁运营公司、北京市轨道交通建设公司、北京市基础设施投资公司、北京市首都公路发展集团、北京市公联公路联络线公司、北京市市政路桥集团、北京祥龙公司、北京市轨道交通指挥中心、北京市公安局公安交通管理局、原北京奥组委交通部等单位有关负责同志、专家学者和工作人员的大力支持。

刘小明、王兆荣、全永燊、郭继孚、郭卫亮、孙壮志等同志对丛书的架构和内容设计付出了辛勤的劳动。

孙壮志、张奋搏、王书灵、周天、马海红等同志对本书的编写做了大量的工作，朱筱林、宋俪婧、周凌、张伟、陈林淼、仝朝阳、杜兴文、虞玲、陈朝晖等同志为本书提供了大量的资料或参加了编写工作。

北京市交通委员会、北京市公安局公安交通管理局、北京市交通委员会运输管理局、北京市交通委员会路政管理局、北京交通发展研究中心、北京公交集团、北京市轨道交通建设公司、北京市地铁运营公司、北京祥龙公司和柏诚（北京）公司等单位也为本书提供了宝贵的资料。

在此，对参与编写工作的各单位和各位同志付出的辛勤劳动表示衷心的感谢！

本书的出版得到了人民交通出版社戴慧莉编辑的帮助，她认真负责的工作态度与高水平的编辑能力，为本书增色很多，在此一并表示感谢！

《北京奥运交通丛书》编著委员会

2010 年 2 月

参考文献

[1] 北京 2008 奥运会申办委员会. 北京 2008 年奥运会申办报告 [R]. 北京：北京 2008 奥运会申办委员会，2001.

[2] 北京交通发展研究中心，北京工业大学 . 北京市交通需求管理政策研究 . 北京 , 2006.

[3] 陈艳艳，刘小明，陈金川 . 城市交通需求管理及应用 [M]. 北京：人民交通出版社，2009.

[4] 周鹤龙 , 徐吉谦 . 大城市交通需求管理研究 [J]. 城市规划 , 2003,（1）.

[5] 宋艳玲 . 大型活动交通需求管理措施综述 [J]. 交通世界 (运输 . 车辆), 2007,（6）.

[6] 赵晓辉 , 吴兵 , 董治 , 等 . 大型活动中心交通需求管理策略研究 [J]. 现代交通技术 ,2009,（1）.

[7] 王成钢 . 论我国城市交通需求管理 [J]. 长沙交通学院学报 , 2001,（4）.

[8] 朱顺应 , 杨涛 . 城市交通需求管理理论研究初探 [J]. 重庆交通学院学报 , 1997,（1）.

[9] 王振报 , 陈艳艳 , 陈金川 , 等 . 北京城市交通需求管理政策意向调查与分析 [J]. 道路交通与安全 , 2006,（4）.

[10] 丛英爱 , 陈艳艳 , 罗铭 . 奥运区域赛后交通需求管理措施研究 [J]. 道路交通与安全 , 2006,（2）.

[11] 邱雪 . 雅典奥运会组织与管理的六条经验 [J]. 体育文化导刊，2007，(11)：30–31.

[12] 刘新华，孙壮志，孙福亮 .“好运北京”环境测试期间出租汽车运营状况 [J]. 城市交通，2008，6（3）：35–38.

[13] Karlaftis，Matthew G. Kapaptsoglou，Konstantinos. Stathopoulos，etal. Planning Public Transport Networks for the 2004 Summer Olympics with Decision Support Systems[J]. Transportation Research Record，2004(1887):71–82.

[14] 北京交通发展研究中心．奥运期间交通需求转移及公交需求变化及各方式分担测算 [R]. 北京：北京交通发展研究中心，2008.

[15] 北京市交通委员会，北京交通发展研究中心．北京奥运交通需求管理政策研究评价．北京，2008.

[16] 李春艳，陈金川，郭继孚，等．北京奥运城市交通仿真平台及应用 [J]. 城市交通，2008，6（5）：69–73.

[17] 陈艳艳，荣建，罗铭，等．北京奥运交通需求管理规划研究框架 [J]. 北京工业大学学报，2004,（4）.

[18] 罗铭．交通需求管理及其在北京奥运交通中的应用研究 [D]. 北京：北京工业大学，2004.

[19] 罗典，甘勇华．大型活动期间交通管制措施对城市交通的影响分析——以广州奥运火炬传递期间交通管制的影响为例 [J]. 交通与运输，2008,（2）.

[20] 唐克双，李克平．上海世博会交通需求管理对策 [J]. 城市交通，2005,（2）.

[21] 李强，杨新苗，缪立新．需求的调整行为的修正——面向奥运会的交通需求管理研究 [J]. 北京规划建设，2003,（1）.

[22] ORTA（Olympic Roads and Transport Authority）. Nothing Big Than This（Transport for the Sydney 2000 Olympic and Paralympic Games）[R]. ORTA，2001：2–3、12–23、28–32、37–39、42–53.

[23] 王书灵，陈金川，郭继孚，等．交通需求管理政策在北京奥运会中的应用和评价 [J] 交通运输系统工程与信息，2008,（6）.

[24] 全永燊．北京市奥运交通需求管理的启示 [J]. 城市交通，2008，6（5）：1.